CÓMO AMAR A DIOS CON TODO TU CORAZÓN

MI TESTIMONIO Y RECORRIDO ESPIRITUAL
GUÍA DE ESTUDIO BÍBLICO

GUADALUPE C. CASILLAS

Ama al Señor tu Dios con todo tu corazón, con toda tu alma y con todas tus fuerzas. ~ Deuteronomio 6:5

Cómo amar a Dios con todo tu corazón ~ Mi testimonio y recorrido espiritual ~ Guía de estudio bíblico

© 2019 Guadalupe C. Casillas. Todos los derechos reservados. Prohibida la reproducción total o parcial de esta obra sin la debida autorización de la autora Guadalupe C. Casillas.

Título en inglés: How to Love God with All Your Heart- A Personal Journey & Testimonial Bible Study Guide © 2015, Guadalupe C. Casillas.

Citas bíblicas tomadas de las siguientes versiones electrónicas de la Biblia: Santa Biblia, Nueva Versión Internacional ® NVI ® © 1999, 2015 por Biblica, Inc.® Usado con permiso de Biblica, Inc.® Reservados todos los derechos en todo el mundo. Versión Reina Valera Actualizada (RVA-2015) © 2015 por Editorial Mundo Hispano y La Santa Biblia, Nueva Traducción Viviente © 2010 por Tyndale House Foundation. Todos los derechos reservados.

© 2006 Diccionario electrónico por Merriam-Webster, Inc. Todos los derechos reservados.

Para obtener copias autografiadas de este libro, por favor póngase en contacto con:

Guadalupe C. Casillas

isaboutJesus@gmail.com

Fotografía y diseño de cubierta © 2015; y fotos tomadas en Cancún, México © 2009, Eduardo D. Casillas & Guadalupe C. Casillas. Todos los derechos reservados.

Foto de Guadalupe en Estudio Bíblico © 2015, Terry Ryan. Todos los derechos reservados.

Traductores: Guadalupe C. Casillas y Eduardo D. Casillas

Editado por: Lawrence Dávila

ISBN: 978-1-7334610-0-9

Impreso en EE.UU.

Printed in U.S.A.

DEDICATORIA

A Jesús, ¡mi Señor y Salvador! Gracias por amarme incondicionalmente y morir por mí. Gracias por perdonar todos mis pecados y darme vida eterna. ¡Te amo con todo mi corazón!

A mi esposo, Eduardo, mi príncipe azul ya por treinta y cinco años: Gracias por animarme y apoyarme a ser la mujer que Dios quiere que yo sea. Le doy gracias a nuestro Padre Celestial por haberte escogido para mí. ¡Estoy muy enamorada de ti!

A mis hijos, Ed y Andrew: Le doy gracias a Dios por darme el privilegio de ser la madre de ustedes. Es una gran bendición en mi vida saber que ambos aman a Dios con todo el corazón y le servirán de todo corazón también. Los quiero mucho más de lo que se imaginan.

A mis padres, Lupita y Ramón Huete: Gracias por ser un gran ejemplo de cómo amar y servir a Dios con todo el corazón, y por ser constantes en su amor y en sus oraciones por mí. Los quiero mucho, mami y papi.

CONTENIDO

Introducción 1

Capítulo uno: Deléitate en el Señor 5

Capítulo dos: Él te amó primero 15

Capítulo tres: El maravilloso amor de Jesús 33

Capítulo cuatro: El regalo de su Espíritu Santo 51

Capítulo cinco: Mi amor por Jesús 59

Capítulo seis: ¡Solo pídele! 75

Capítulo siete: Dulce obediencia 85

Capítulo ocho: ¿Cómo puedo confiar en Dios? 99

Capítulo nueve: ¿Es Dios bondadoso? 111

Capítulo diez: Rendición total 125

Capítulo once: Amor perfecto 141

Capítulo doce: Permanece en mi amor 151

Instrucciones para líderes 173

Guía de estudio bíblico 174

Reconocimiento 175

Sobre la autora 177

INTRODUCCIÓN

Deuteronomio 6:5 dice: «Ama al Señor tu Dios con todo tu corazón, con toda tu alma y con todas tus fuerzas». Cuando le preguntaron a Jesús cuál era el mandamiento más importante en la ley de Moisés, Él contestó: «Ama al Señor tu Dios con todo tu corazón, con toda tu alma y con toda tu mente» (Mateo 22:36-38). Entonces, ¿cómo podemos lograrlo? ¿Podemos decir como el apóstol Pablo «Porque para mí el vivir es Cristo y el morir es ganancia»? ¿Es Dios tu primera y mayor prioridad? ¿Estarías dispuesto a dar tu vida por Él? Si todavía no estás seguro, recuerda que Dios te ama así tal como eres. Quiero compartir contigo el recorrido que me llevó a amar a Dios con todo mi corazón y a finalmente llegar a sentir su gran amor por mí.

Me tomó muchos años llegar a amar a Dios sin reservas. Yo lo cuestionaba y llegué a dudar de su existencia. Sufrí de depresión, baja autoestima y ataques de pánico, incluso contemplaba el suicidio. Mi mente se llenó de temor y ansiedad. Fue a causa de los muchos años de estudios bíblicos, preguntas, investigación, experiencias personales y mucha oración los que me ayudaron a llegar a confiar y a amar a Dios sobre todas las cosas. El Señor me enseñó poco a poco a confiar plenamente en Él. ¡Y ahora Jesús es la pasión de mi vida!

Le pido a Dios de que este estudio te lleve a conocer y a sentir lo que significa amar al Dios único y verdadero que tanto te ama, con todo tu corazón, alma, mente y fuerza. A medida que estudies las Santas Escrituras y las páginas de este libro, mi esperanza es que llegues a confiar en Él con toda tu alma y lo conozcas más íntimamente. Que ames más a su Hijo, Jesús, y llegues a sentir su amor perfecto e incondicional.

El Señor nos hizo una promesa en Jeremías 29:13: «Si me buscan de todo corazón, podrán encontrarme».

¡Amo Tu Palabra, Señor!

Para poder tener un tiempo de estudio especial y muy íntimo con Dios, recuerda que la Biblia no es solo para leerse y estudiarse, pero también para poder sentir su santa presencia. Cuando leas un pasaje de la Biblia intenta lo siguiente:

- Visualízalo (imagina estar presente y envuelto)
- Medita en el mensaje (considera que significa para tu vida)
- Si lees una promesa— ¡reclámala!
- Si un versículo «salta de la página» y le habla a tu corazón, recíbelo, porque podría ser la voz de Dios para ti. Subraya los versículos que parecen estar hablándote directamente.
- Si te encuentras con un pasaje que habla de lo mucho que eres amado por Dios, puedes hacer una pausa y darle gracias por lo que Él ha hecho por ti.

Introducción

Cuando leas y sientas la Biblia de esta manera, tu experiencia con Dios será mucho más impactante y profunda. Por ejemplo, en Números 6:22-26 Dios le dijo a Moisés que le dijera a su hermano, Aarón, que era un sacerdote, que bendijera a los israelitas de esta manera:

> El Señor habló a Moisés diciendo: «Habla a Aarón y a sus hijos, y diles que así bendecirán a los hijos de Israel. Díganles: 'El Señor te bendiga y te guarde. El Señor haga resplandecer su rostro sobre ti, y tenga de ti misericordia. El Señor levante hacia ti su rostro, y ponga en ti paz'» (RVA-2015 - Reina Valera Actualizada).

Luego leí Hebreos 4:14, «Por lo tanto, ya que tenemos un gran Sumo Sacerdote que entró en el cielo, Jesús el Hijo de Dios, aferrémonos a lo que creemos». En ese momento me imaginé a Jesús, como mi Sumo Sacerdote, diciendo esta bendición tan especial sobre mí. ¿Se imaginan eso? Yo dije: «Señor, ésta es la forma en que los sacerdotes bendecían a los hijos de Israel, así que por favor Señor Jesús, bendíceme, guárdame, protégeme y haz resplandecer tu rostro sobre mí, dame de tu gracia y de tu paz. También te pido esta bendición sobre toda mi familia y mis amistades». Después escribí acerca de esta linda experiencia en mi libreta. A esto me refiero al decir que quiero que la Biblia cobre vida y sea ¡una bendición muy íntima y especial para ti!

¿Quieres sentir aun más la santa presencia de Dios? Empieza por adorarlo con más frecuencia. Al decir «adorarlo» me refiero específicamente a cantar alabanzas a su Nombre Todopoderoso. Quizás podrías estar pensando «¿Qué tiene que ver todo esto con amar más a Dios?» Si nos damos el tiempo de adorar y deleitarnos más en Él, vamos a descubrir la presencia del Dios eterno, y también desarrollar una relación más real y profunda con el Creador de nuestras vidas. Este tema es desarrollado en más detalle durante el primer capítulo de este libro. Así que ven conmigo y disfruta de esta lección.

NOTA IMPORTANTE PARA LÍDERES:

Lee las páginas 173-174 para la Guía de Estudio Bíblico.

CAPÍTULO UNO

DELÉITATE EN EL SEÑOR

Deléitate en el Señor y él te concederá los deseos de tu corazón. ~ *Salmos 37:4*

El Salmo 37:4 nos dice: «Deléitate en el Señor, y él te concederá los deseos de tu corazón».

La palabra «deleite» significa alegría y satisfacción extrema. ¡Qué lindo es saber que cuando nos deleitamos en el Señor, Él nos concederá los deseos de nuestro corazón! A mí todavía me sorprende ver lo bien que Dios conoce mis deseos y de las cosas que me causan gozo. En muchos casos, Dios ha cambiado mis deseos por otros mejores que me dieron mucha más alegría y glorificaron su nombre.

¿Cómo podemos aprender a deleitarnos más en el Señor? Aquí están mis sugerencias de cómo disfrutar la lectura de la Biblia y al mismo tiempo gozarnos al hacer este estudio bíblico.

UN LUGAR TRANQUILO

Primero, busca un lugar muy especial donde pasar cada día tu tiempo con Dios. Cuando mi esposo y yo nos mudamos a una nueva casa, me fue difícil al principio encontrar un lugar donde sentirme tranquila y con mucha paz. Intenté varios lugares en mi nueva residencia pero ninguno me resultó suficientemente acogedor. Le pedí a Dios que me ayudara a encontrar el lugar especial y apropiado, y después de orar Él me indicó el lugar perfecto.

Mi tiempo de quietud con Dios en las mañanas es agradable y tranquilo. Me siento en mi sofá favorito con una linda vista hacia el jardín de enfrente mientras disfruto de una taza de café y música suave. A mi lado tengo una mesa pequeña donde mantengo mi Biblia, libro de estudio, diccionario y un lapicero. Es importante tener a mano todo lo que necesitamos. En el otoño, me gusta oler candelas aromáticas mientras me deleito en la palabra del Señor.

En ciertas ocasiones, para variar, salgo de la casa y visito un café acogedor para disfrutar de los aromas del café y canela durante mi tiempo con el Señor. Si trabajas fuera de tu hogar, podrías visitar algún parque o jardín bonito donde leer tu Biblia a la hora de tu almuerzo. Yo sé que al leer las Escrituras recibirás nuevas fuerzas para hacerle frente a ese día.

A veces, mis amigas me llaman por teléfono para pedirme oración cuando están pasando por una situación difícil. Además de escucharlas y orar por ellas, les recomiendo que lean un pasaje de la Biblia o un devocional corto—porque estoy segura de que Dios les hablará a través de su Palabra. En varias ocasiones he recibido una llamada de regreso ese mismo día diciendo, «No lo vas a creer, pero Dios me dio la respuesta exacta que necesitaba». Dios es maravilloso y poderoso. Él siempre está dispuesto a comunicarse con nosotros. Por eso es importante que dediquemos un tiempo único y especial con Dios todos los días. Él siempre será nuestra fortaleza.

1. *Describe tu tiempo con Dios. ¿Cuál es tu lugar favorito?*

2. *Lee Marcos 1:35-39. Según el versículo 35, ¿a qué hora y en qué lugar le gustaba a Jesús pasar tiempo con Dios?*

3. ¿Dónde pasaba Jesús sus atardeceres? Lee Lucas 21:37.

Jesús nos dejó bellos ejemplos de cómo Él pasaba tiempo con su Padre. Se levantaba temprano en la mañana para admirar la salida del sol desde el Monte de los Olivos, y también observaba la puesta del sol al atardecer. ¡Muy lindo!

4. ¿Qué hacía Jesús según Marcos 1:39?

Jesús también hablaba con Dios durante la madrugada. Él sabía que enfrentaría oposición de parte de los líderes religiosos, los demonios, y una multitud exigente. ¿Cómo te preparas tú al comienzo de un nuevo día? Un solo día puede estar lleno de problemas, estrés e incluso «demonios» que andan manejando por la carretera. Pídele a Dios que te dé las fuerzas y la protección que necesitas desde que te levantes en la mañana.

UN MOMENTO TRANQUILO

Tu tiempo de quietud y alabanza con Dios puede ser en cualquier momento del día, dependiendo de tu disponibilidad y preferencias. El mío es temprano en la mañana, de lo contrario me es difícil encontrar tiempo después. No dejes que los teléfonos o correos electrónicos te roben de tu momento a solas con el Señor. Si acaso no tienes mucho tiempo en la mañana debido a tu trabajo u otras obligaciones, toma por lo menos cinco minutos para orar y leer un par de versículos de la Biblia o un devocional para relacionarte con Dios; hazlo al empezar la mañana si te es posible. Es importante recibir la guía y protección de Dios en cuanto nos levantemos.

¿Te gustaría despertar primeramente buscando la presencia de Dios como lo hacía Jesús? Puede ser un poco difícil apartar ese tiempo con el Señor, pero puedes optar por levantarte unos minutos más temprano antes de las demandas del día. No tiene que estar oscuro afuera, «temprano en la mañana» es diferente para cada persona. Toma tu tiempo para darle gracias a Dios por un nuevo día.

Si te es difícil levantarte temprano, intenta acostarte unos minutos antes cada día hasta que te acostumbres a tu nuevo horario. Se requiere autodisciplina apagar la computadora temprano, la televisión, o dejar de hacer otras cosas en la noche, pero recuerda qué tanto necesitas de un buen descanso, y piensa en lo sabrosa que está la cama que te espera.

No te preocupes si no tienes media hora disponible para leer este libro de estudio. Cuando yo trabajaba en una oficina, fuera de mi hogar, me levantaba en la madrugada antes de que mis dos hijos se despertaran. Hubo días en que solo tenía cinco minutos para hacer mi lección y esos minutos fueron mejor que nada. Lo poco que leí en esas ocasiones me ayudó a tener algo hermoso en qué reflexionar durante el día. Después oraba y alababa a Dios con música cristiana mientras manejaba hacia mi trabajo. Hoy en día, con tanta gente que habla en su celular cuando al volante, tú no serás el único que parece estar hablando contigo mismo.

En días donde voy a estar muy ocupada, traigo mi Biblia y libro de estudio conmigo para poder disfrutar un breve tiempo con Dios entre los mandados o mientras espero en una cita médica. También pídele a Dios que te ayude a reducir actividades innecesarias para que puedas enfocarte y deleitarte más en Él. Dios te mostrará cómo disminuir las actividades en tu vida cotidiana para poder descansar más.

5. Describe la escena en Mateo 14:23.

Jesús fue al Monte de los Olivos al atardecer. Estaba solo. Me imagino que posiblemente vio al sol desaparecer en el horizonte. ¡Qué manera tan majestuosa de terminar el día!

En caso de que no tengas una vista bella para contemplar desde tu casa, puedes visitar algún parque o colina cercana y pasar tiempo con Dios allí. Busca un tranquilo refugio en tu jardín o un lugar acogedor dentro de tu hogar que te relaje y donde te puedas enfocar. Descansa y medita en Dios como lo hizo su Hijo, Jesús.

Yo no estoy en contra de pasar el tiempo viendo la televisión o en nuestros celulares o computadoras, pero cuando pasamos demasiado tiempo en estas cosas a veces nos sentimos más agotados al final del día. Mi esposo y yo con frecuencia apagamos la televisión y preferimos escuchar música suave mientras platicamos o leemos un libro. El tiempo parece detenerse y eso nos hace sentir más descansados. Deberías intentarlo. Es agradable pasar momentos de tranquilidad con tu familia. No tiene que ser todas las noches; puedes hacerlo una vez a la semana. Si tienes niños, puedes darles el ejemplo de lo que significa tener un momento de quietud y paz en tu casa.

6. *Escribe Filipenses 4:6-7 en el espacio de abajo. Este pasaje me ayudó a sentirme menos ansiosa y a tener más paz.*

Otro de mis versículos favoritos es Mateo 6:33, «Busquen el reino de Dios por encima de todo lo demás y lleven una vida justa, y él les dará todo lo que necesiten». Cuando leí esto, pensé: «Lo único que tengo que hacer es poner a Dios antes que nada en mi vida y Él se encargará de todas mis necesidades». Jesús prometió cuidar de nosotros y darnos todo lo que realmente necesitemos si lo buscamos a Él primero. A través de muchas experiencias, Dios me ha enseñado que mi vida es más fácil cuando lo pongo a Él en primer lugar.

EVITA DISTRACCIONES

Un problema que a veces tenemos durante nuestro tiempo de quietud con el Señor, son las «distracciones». Podemos estar en un lugar tranquilo, y aun así no estar a gusto por estar pensando en la lista de todo lo que tenemos que hacer ese día, durante la semana, el mes, etc. Para poder evitar estas distracciones, yo leo mi Biblia en voz alta y así no permito que otros pensamientos interfieran. A veces hago una pausa y le pido a Dios que me ayude a concentrarme.

Si te es difícil concentrarte en la lección, solo contesta dos de las preguntas. Más tarde, durante el día, puedes hacer dos más. El estudio de la Biblia debe ser agradable y no estresante. Además de tener más conocimiento de la Biblia, es importante desarrollar el hábito de buscar la presencia de Dios diariamente.

En una ocasión le dije a mi grupo de estudio bíblico que completaran todo el capítulo. Esa semana estuve muy ocupada con varias cosas. Le envié un correo electrónico a mi grupo diciéndoles que solamente hicieran la mitad. Cuando me reuní con ellas para discutir la lección, una amiga comentó que ella pudo haber terminado todo el capítulo pero cuando vio mi mensaje ella se relajó, y en vez leyó más detenidamente. Esto le trajo mucha paz y hasta llegó a deleitarse en la presencia del Señor. Espero que tú también respires profundamente y que tu tiempo con el Señor sea así de placentero.

No te sientas mal si no tienes tiempo de leer tu Biblia todos los días o si solo la lees por cinco minutos, pero por favor evita hacer toda la lección el día antes de tu reunión. No es fácil si tienes que apresurarte en terminarla toda en un solo día. Trata de hacer un poquito diariamente. Yo les digo a mis amigas que aunque no tengan tiempo de terminar la lección, no falten de asistir al grupo de estudio, ya que siempre podemos aprender de lo que compartimos, al igual de gozarnos en la alabanza y en la oración.

DELÉITATE EN DIOS DURANTE TUS VACACIONES

Asegúrate de llevar tu Biblia y libro de estudio cuando vayas de vacaciones. Mi esposo y yo acostumbramos a celebrar nuestro aniversario de bodas en Cancún, México. Leer mi Biblia me permite reflexionar en Dios durante nuestras vacaciones y las disfruto mucho más al hacerlo. También me gusta hacer las lecciones durante el vuelo de avión. Una vez que estamos en la playa rodeados de la arena blanca, me encanta contemplar el mar mientras tomo el sol y busco la presencia de Dios. Es una experiencia maravillosa poder observar la hermosa creación de Dios y aprender más de Él al mismo tiempo.

En marzo del 2009, Eduardo y yo celebramos nuestro vigésimo-noveno aniversario de bodas en Cancún. Mi esposo (tan romántico) quería que viéramos el amanecer. Nos hacíamos chistes entre sí de qué locos estábamos en despertarnos tan temprano durante nuestras vacaciones. Eran las cinco de la mañana y todavía estaba oscuro.

No había nadie en la playa. Tomamos café mientras esperábamos que el cielo se iluminara. Miramos las estrellas, escuchamos las olas y vimos los diferentes tonos de rosa, amarillo, azul y naranja que aparecieron en las nubes (éstas son las fotos incluidas en este libro). Suavemente, canté «Cuan grande es Él». Levanté mis manos al cielo y alabé a Dios. ¡Nunca se me va a olvidar cuando los primeros rayos de luz comenzaron a aparecer radiantes en el cielo declarando la gloria de Dios!

No tienes que irte muy lejos para disfrutar de la creación de Dios. Podría ser un lago o un parque. Cualquier lugar precioso está bien. Tu cuerpo y tu mente te lo agradecerán. Toma un descanso de los teléfonos celulares, computadoras y juegos electrónicos. ¿Te has fijado que la mayoría de los parques de campamento no tienen receptores para estos aparatos? El no tener conexión o electricidad nos permite mirar las estrellas, escuchar a los grillos y platicar con la familia.

Cuando estás de vacaciones, ¿pasas varias horas en tu habitación de hotel «navegando la red social?» ¿O sales afuera a escuchar a la naturaleza mientras sientes la brisa en tu cara? Moderación es la clave. Puedes ver la televisión o hacer otras actividades, pero si te es posible, trata de disfrutar el regalo de tener una hora para ti mismo de tranquilidad y de paz.

7. *Ahora, vamos a practicarlo. Elige un lugar adonde ir para estar a solas. Lleva tu Biblia, libro de estudio, diario o libreta y un lapicero. Puedes traer una silla o una colcha donde sentarte en el césped. Puedes tener un día de campo con Dios y trae un poco de fruta, pan dulce y café o té. Disfruta tu comida y relájate por los primeros quince minutos. Es importante estar callado y sin distracciones. Si alguien pasa por donde tú estás y te saluda, está bien saludar a la persona, pero continúa en tu quietud y lectura de la Biblia en vez de entablar una conversación. Recuerda que éste es tu tiempo con el Señor. Puedes tomar treinta minutos o más si tienes el tiempo. Que Dios bendiga tu hora especial con Él. Comencemos...*

TIEMPO CON DIOS

Después de encontrar un lugar donde estar a solas, toma un par de minutos para orar. Pídele a Dios que te hable a través de su Palabra. Relájate y admira su creación. Lee el Salmo 103 y escribe en tu diario o en una hoja de papel, lo que Dios te dijo en tu corazón acerca del Salmo que leíste. Dale gracias por lo que Él ha hecho por ti y por su divina gracia. Confiésale tus debilidades y acepta su perdón completo. Pídele que te ayude y fortalezca en las áreas difíciles de tu vida. Recibe su amor incondicional—acéptalo con los brazos abiertos.

Escribe acerca de dónde estás en tu vida espiritual con Dios. Expresa donde te gustaría estar en tu caminar con Él. Ora por las circunstancias de tu vida, y entrégaselas a Él, si es que estás listo para entregárselas. Si aún no lo estás, pídele que aumente tu fe y confianza en Él en los próximos meses durante el transcurso de este estudio.

8. *Comparte cómo fue tu experiencia en tu «tiempo con Dios». ¿A qué lugar fuiste y cómo te sentiste?*

ORACIÓN

Querido Señor, por favor ayúdame a hacerte la prioridad número uno en mi vida. Enséñame a deleitarme en Ti y en tu Palabra cada día más. En el nombre de Jesús, te lo pido. ¡Amén!

VERSÍCULO DE MEMORIZACIÓN

> Deléitate en el Señor y él te concederá los deseos de tu corazón. ~ Salmos 37:4

CAPÍTULO DOS

ÉL TE AMÓ PRIMERO

Pero Dios mostró el gran amor que nos tiene al enviar a Cristo a morir por nosotros cuando todavía éramos pecadores. ~ Romanos 5:8

Él te amó primero. Sí, Él dio el primer paso. Espero que los versículos en esta lección te ayuden a comprender el inmenso amor que Dios tiene por ti. Dios nos ama, y su Palabra constantemente enfatiza esta preciosa realidad.

1. *¿Quién amó primero? Lee 1 Juan 4:10 y 4:19.*

¿Entonces por qué es tan difícil para ciertas personas recibir su amor incondicional? Algunas personas no ven a Dios como a un Padre amoroso, porque han sido lastimados o heridos emocionalmente por sus propios padres. Los próximos pasajes bíblicos, te explicarán que el amor de nuestros padres nunca podrá ser comparado con el amor perfecto de nuestro Padre Celestial.

2. *¿Qué dice Dios sobre el amor de una madre en Isaías 49:15-16? ¿Es perfecto como el amor de Dios?*

3. *¿Qué dice Dios acerca de su amor en Lucas 11:11-13?*

EL AMOR DE DIOS NOS PROVEE REGALOS

4. ¿Qué le da Dios a sus hijos? Lee Santiago 1:17.

EL AMOR DE DIOS NOS CUIDA

5. Si acaso eres huérfano, Dios tiene una palabra muy especial para ti. Lee Salmos 10:13-14 y 68:5.

6. Lee Juan 14:16-19 y Romanos 8:14-16. ¿Qué nos dice la Biblia en estos versículos?

Algunas personas tienen dificultad en amar a Dios, porque no han encontrado las respuestas a estas clases de preguntas: ¿Por qué un Dios amoroso permite que haya maldad en el mundo? ¿Por qué le pasan cosas malas a la gente buena? ¿Por qué un Dios amoroso permite que niños inocentes mueran? ¿Por qué algunas personas mueren tan jóvenes? Yo tenía las mismas preguntas y descubrí las respuestas cuando empecé a leer y a estudiar la Biblia. Veamos brevemente las respuestas a estas preguntas.

EL AMOR DE DIOS HACIA LOS NIÑOS

7. *¿Qué dice Lucas 18:15-17 acerca de los niños?*

El rey David estaba seguro que volvería a ver en el Cielo a su bebé que había muerto. Él dijo en 2 Samuel 12:23b: «¿Puedo traerlo de nuevo a la vida? Un día yo iré a él, pero él no puede regresar a mí». Si tu bebé también murió poco tiempo después de nacer y no tuviste la oportunidad de dedicarlo al Señor, ten por seguro que te reunirás con él en el Cielo. Dios es bueno y misericordioso. Él sabe que los bebés no tienen la madurez mental de decidir en quién poner su fe, como lo hace una persona adulta. Dios nos da a saber en su Palabra que su Reino le pertenece a los niños.

EL AMOR DE DIOS NOS CONFORTA

Otras preguntas son: «¿Cómo puede un Dios amoroso permitir la muerte de una persona buena?» o «¿Por qué permite que una persona muera en plena juventud cuando tenía toda una vida por delante?»

8. Lee Isaías 57:1-2. ¿Qué explicación nos da este pasaje de por qué a veces mueren los justos, y de que son librados de acuerdo al versículo 1?

9. Según Isaías 57:2 ¿Qué reciben los que anduvieron en el camino de la justicia al morir?

Si has perdido a un ser querido, Dios puede aliviar tu dolor. Lo hace con el consuelo y la seguridad de que los que murieron en Cristo Jesús se reunirán con todos los creyentes en el Cielo. Observa cómo este versículo menciona dos grandes deseos que quisiéramos tener aquí en la tierra: el descanso y la paz. Los que se han ido antes que nosotros tienen eso y mucho más.

EL AMOR DE DIOS NOS PROMETE

10. ¿Cuál es la promesa que Jesús le hizo a todos los creyentes? Lee Juan 14:1-4.

Jesús fue a preparar un lugar para todos los que creemos en Él. A seguir es el ejemplo que yo le doy a mis amigas para tratar de describir ese lugar: «¿Qué dirías, si yo estuviera de vacaciones en la isla de Hawái, y que mientras estoy allí, me deleitara viendo los atardeceres más bellos, cascadas preciosas, amaneceres maravillosos, viera las flores más lindas, y que todo lo que me rodeara fuera perfecto? Que no tuviera ninguna clase de dolor, tristeza, hambre, enfermedad, enojo o decepciones, y todas las personas fueran amables y buenas. Que no tuviera ninguna clase de miedo, peligro o problemas. Y que al contrario, siempre estuviera tranquila, alegre y rodeada de amor. ¿Se sentirían ustedes tristes por mí? Por supuesto que no, ¡Ustedes quisieran poder venir conmigo! Ésta es una pequeña ilustración de cómo va a ser en el Cielo para las personas que pusieron su fe en Jesucristo. ¿Sentirías lástima por las personas que están disfrutando de ese lugar tan bello? Por supuesto que no. Aunque es normal desear tener a nuestros seres queridos con nosotros y que nos hagan falta, acuérdense de que en realidad, ellos están viviendo una vida mucho mejor que la nuestra.

11. ¿Qué dijo Jesús que le pasaría a los que creen en Él? Lee Juan 11:25.

Si tú realmente crees esto, estás probablemente en este mismo momento agradecido y emocionado, debido a la certeza de una vida eterna en el Cielo al lado de Jesús. Contempla esta gran realidad; cuando nuestro cuerpo físico muere, el alma vive para siempre en la presencia de nuestro Creador.

12. ¿Qué promesa hizo Jesús cuando estaba en la cruz al ladrón que se arrepintió, y cuándo le dijo que estaría en ese lugar? Lee Lucas 23:40-44.

¡Hoy! Sí, le aseguró que esa misma tarde estarían ambos en el Paraíso. A pesar de que el cuerpo humano de Jesús no resucitó hasta el tercer día, su Espíritu y el espíritu del ladrón arrepentido estuvieron con Dios esa misma tarde. Nuestra fe se basa en el hecho que Jesús resucitó de entre los muertos, como dijo que lo haría, y así demostró ser el Hijo de Dios.

EL AMOR DE DIOS NOS DA EVIDENCIAS

13. Lee 1 Corintios 15:3-7. ¿Cuántas personas vieron a Jesús después de su muerte y resurrección?

Hay personas que todavía buscan evidencias para poder creer que Jesús resucitó de entre los muertos. Este pasaje dice que no fueron diez, veinte, o cincuenta personas las que lo vieron vivo después de su muerte, fueron quinientas personas. Algunas de las personas que lo vieron todavía estaban con vida cuando Pablo escribió acerca de esto.

En los tiempos del Antiguo Testamento, se requerían dos o tres testigos para darle validez a un testimonio. Deuteronomio 19:15 dice: «No condenes a nadie por algún crimen o delito basado en el testimonio de un solo testigo. Los hechos del caso deben ser establecidos por el testimonio de dos o tres testigos». En este caso, Dios proveyó ¡500 testigos!

14. *¿Cuántos días anduvo Jesús en la tierra después de su resurrección antes de regresar al Cielo? Lee Hechos 1:3.*

15. *Como creyentes podemos estar seguros, como dicen las Escrituras, de que entraremos en la presencia de Dios inmediatamente después de morir. ¿Cuál es el secreto maravilloso que Pablo revela en 1 Corintios 15:50-55?*

¡Más buenas noticias! Nuestros cuerpos mortales serán transformados en cuerpos inmortales. Tendremos cuerpos perfectos. No moriremos de nuevo, ni tendremos dolor o enfermedades. Jesús hizo esto posible a través de su sacrificio en la cruz. Vamos a ser resucitados. Este gran conocimiento ha traído mucha paz y alegría a mi vida. Siempre le pido a Dios que nunca me deje olvidar, o tomar a la ligera, su gran sacrificio de amor.

EL AMOR DE DIOS ES COMPASIVO

16. Lee Juan 11:1-44. Según el versículo 39 ¿Cuántos días estuvo Lázaro muerto? ¿Cuál nombre fue glorificado por medio de este milagro según el versículo 40?

Podemos experimentar paz en medio de las tormentas cuando sabemos que Jesús es la Resurrección y la Vida. El mundo puede estar en caos, pero como creyentes podemos estar tranquilos sabiendo que si Dios está con nosotros nadie podrá contra nosotros (parafraseando Romanos 8:31-32). Aún cuando a veces pienso que sería lo peor que me podría pasar, incluso la muerte, siento paz al saber que Dios ya me dio la vida eterna.

Vi la compasión de Dios hacia mi amiga, Rosa (nombre ficticio), quien amaba mucho a Jesús. Sus ojos brillaban cada vez que yo mencionaba el nombre de Jesús. Ella siempre esperaba ansiosamente el día en que nos reuníamos para nuestro estudio bíblico. Un par de años después, ella se enfermó. Tenía alrededor de setenta años de edad y su corazón estaba muy débil. Su familia había empezado los planes para ponerla en una casa de ancianos debido a su condición física. Rosa ya no iba poder continuar asistiendo a los estudios bíblicos que tanto gozo, paz y satisfacción le proveían.

Una amiga de nuestro grupo, llamó a su casa la mañana de nuestro estudio bíblico para ver cómo seguía y se enteró que Rosa había fallecido en la madrugada. A pesar de que la echaríamos de menos, nos regocijamos en el hecho de que ella estaba ahora con Jesús. Dimos gracias a Dios por su gran misericordia. En vez de que nuestra amiga fuera a un centro de asistencia para ancianos, ahora ella disfrutaba del paraíso en los brazos de Jesús.

Ésa es la realidad, amigos. El Cielo no es un cuento de hadas. El Cielo nos espera, y no nos costó ni un solo centavo. Pero le costó a Jesús su preciosa vida. Él voluntariamente la cedió por el gran amor que nos tiene.

EL AMOR DE DIOS NOS LIBERA DEL MIEDO

17. ¿Quién va a estar con nosotros en el momento de nuestra muerte? Lee el Salmo 23:1-4.

Una de las razones por las que amo tanto a Jesús es porque Él me regaló la vida eterna. Estoy agradecida porque yo tenía mucho temor a la muerte, o el solo pensar que mis seres queridos fueran a morir.

Cuando yo tenía nueve años de edad, regresaba con mi familia de un día en la playa en Nicaragua. Las carreteras eran muy peligrosas, pues no existían barandas en las curvas que nos fueran a proteger de los precipicios. Habían muchas cruces con flores que honraban a aquéllos que habían muerto al haberse salido de la carretera. Pensé en lo triste que sería perder a mis padres o a mis hermanas en un accidente. Mis lágrimas rodaron suavemente sobre mis mejillas. La muerte me preocupaba constantemente.

A los veinte años de edad la depresión invadió mi vida. No quería seguir viviendo. Mi médico pensó que mi condición se debía a mis hormonas. Yo no estaba asistiendo a la iglesia durante ese tiempo. Había perdido mi fe en Dios (en un capítulo posterior leerás en detalle cómo esto llegó a suceder). A pesar de tener a un esposo maravilloso, una casa preciosa y poder quedarme en casa cuidando de mis dos hijos, yo no tenía deseo de vivir. Un día, casi se cumplió ese deseo. Mi esposo Eduardo y yo estábamos disfrutando de la piscina en un hotel en South Lake Tahoe, California. Yo no sabía nadar y estaba de pie en la parte menos profunda cuando decidí tomar un par de pasos, y de repente no pude pisar el fondo. Grité para pedirle ayuda a Eduardo, levantando mis brazos antes de hundirme. Cuando me estaba ahogando, le dije a Dios: «Señor, perdóname, no quiero morir. Sálvame, por favor».

Dios escuchó mi oración. Eduardo vino a mi rescate, y me salvó la vida. Él terminó agotado pues tuvo que empujarme hacia el borde de la piscina para prevenir que me colgara de él, de lo contrario ese día ambos nos hubiéramos ahogado.

Mi más reciente enfrentamiento con la muerte fue diferente. Lo que he aprendido acerca de la vida eterna con Jesús y la belleza del Cielo me ha ayudado a superar el miedo a morir. Mi amor por Jesús ha aumentado tanto en los últimos años que no hay lugar donde preferiría estar, que con Él.

Estaba lloviznando mientras conducía por la autopista. Iba escuchando un canto basado en el Salmo veintitrés. La letra de ese canto habla de que Dios siempre está en control de todo, incluso cuando caminamos por el valle de sombra de muerte. En dos ocasiones, al pasar por un par de baches en la carretera, mi coche se deslizó un poco lo cual hizo que me acordara que mis llantas estaban bien gastadas, y decidí reducir la velocidad. En el tercer bache, perdí el control del volante y mi coche se salió de la carretera girando en la división central. No había baranda que me impidiera cruzarme hacia el tráfico del sentido opuesto, solo había un divisor central lleno de lodo y hierba dividiendo los dos sentidos de la carretera.

Incapaz de hacer que mi coche dejara de girar y se detuviera, dije en voz alta: «¡Oh, entonces éste es el final! Así es como iba a morir, en un accidente automovilístico a los cuarenta y tres años de edad». De repente sentí como si todo a mi alrededor giraba en cámara lenta, mientras pensaba que podría chocar con uno o más carros al cruzar al otro lado de la carretera. Luego imaginé el trágico cuadro de mi muerte anunciado en el periódico local y pensé en la tristeza que sentirían mis seres queridos.

En ese momento, me dije, «¡Ah, esto significa que dentro de unos cuantos segundos voy a estar alabando a Jesús... cara a cara!» Me sentí muy emocionada y contenta, porque me agrada alabarle. La idea de poder hacerlo en su presencia me llenó de mucho gozo. En mis pensamientos le dije a Dios: «Está bien, Señor, estoy lista. Pero por favor, que sea rápido pues no quiero estar con dolor por mucho tiempo». Entonces estas palabras salieron de mis labios: «Señor, por favor protégeme». Pero eso no fue lo que quise decir. Yo estaba lista para irme con Jesús. Porque, aunque estoy locamente enamorada de mi esposo y quiero mucho a mis dos hijos preciosos, amo más a Jesús.

Cuando yo invoqué el nombre del Señor Jesús, sentí como si una mano me apretara el pie. En ese momento noté que estaba presionando el freno hasta el fondo. Yo no quería dejar de frenar. Pero lo hice de forma automática y rendí el control de mi vehículo.

El volante comenzó a girar por su propia cuenta y mi coche se detuvo completamente. ¡Yo no lo podía creer! Le dije a Dios: «Gracias Señor por salvarme». Noté por medio del espejo retrovisor que la valijera de mi carro estaba abierta. Cuando salí de mi coche para cerrarla, vi que mi vehículo estaba perfectamente alineado en el divisor central entre los dos sentidos de la carretera. Yo no sé cómo estacionarme de manera que el carro quede perfectamente recto. Supe entonces que fue Dios quien vino a mi rescate esa mañana.

De repente volví a escuchar la música de mi CD. Cuando mi coche estuvo girando solo hubo silencio y paz. En esos pocos segundos, donde el tiempo pareció detenerse no tuve nada que confesar. Nada de que arrepentirme. Sé que Dios ha perdonado todos mis pecados del pasado. Y acostumbro a confesarme con Dios inmediatamente cuando fallo para así mantener una conciencia limpia delante de Él.

Sobrevivir esa experiencia me permitió decirle a mi familia acerca de la alegría que sentí en solo pensar que conocería a Jesús en persona. Si yo hubiera muerto, mis seres queridos probablemente hubieran pensado que había estado aterrorizada, pero no fue así.

Unas horas más tarde le pregunté a Dios por qué no me había preocupado por mi esposo y mis hijos. En mis pensamientos escuché, «Es porque ya los has puesto en mis manos». Yo sé que si yo muero primero, Dios cuidará muy bien a mi familia como lo ha hecho conmigo.

Esa tarde llevé mi coche al taller de llantas para que le pusieran unas nuevas. Me ofrecieron el servicio de transporte gratis a mi casa, mientras las cambiaban. La conductora era una joven muy dulce y agradable. Yo no perdí tiempo en contarle mi experiencia en la carretera, y compartir mi fe con ella.

Dos años más tarde leí en el periódico local que esa joven había muerto en un accidente automovilístico. Ella regresaba de un concierto, y el conductor se durmió al volante. Venía dormida en el asiento trasero sin su cinturón de seguridad, y fue expulsada del vehículo al chocar contra un árbol. Murió al impacto.

Me pregunté qué habrá sucedido en sus últimos segundos de vida. ¿Se habrá detenido el tiempo para ella como pasó conmigo? Dios en su amor infinito, me dio la oportunidad de compartir mi fe con esa muchacha dos años antes de que ella muriera. Espero que esa joven haya tenido la oportunidad de hablar con Dios, y poder algún día verla en el Cielo.

EL AMOR DE DIOS NOS DA LIBERTAD DE ESCOGER

18. *Tardé mucho en entender por qué Dios permitió que hubiera un árbol con fruto prohibido en medio del jardín. Lee Génesis 2:8-9; 15-17. ¿Cómo podrías explicar este tema a los demás?*

Yo solía pensar: «Si tan solo Dios no hubiera puesto ese árbol en medio del jardín, el pecado no hubiera entrado al mundo. Todo hubiera sido perfecto.

Desde el principio, Dios le dio al hombre la opción de obedecer o desobedecer. Aprendí que Él quiere que lo amemos por nuestra propia voluntad. Nosotros también queremos que la gente nos ame con sinceridad y no por temor. Dios no nos obliga a que le amemos. Él desea una relación con nosotros. Él espera pacientemente que nosotros vengamos a Él.

Yo sé que el lugar perfecto que tanto anhelo llegará un día...

EL AMOR DE DIOS ES GRANDE

19. ¿Cómo es el amor de Dios? Lee 1 Juan 3:1.

¿Te empiezas a sentir amado? El Creador del cielo y la tierra nos adoptó como hijos por medio del sacrificio de su Hijo, Jesús. ¿Si tú fueras el padre de un solo hijo, lo ofrecerías para que tuviera una muerte espantosa para salvar a gente malvada y pecaminosa? El gran amor de Dios hizo eso por nosotros.

20. Según Romanos 5:8, ¿Cómo demuestra Dios su amor para con nosotros?

Cuando yo recién empezaba a asistir al grupo de estudio bíblico, no comprendía muy bien el gran amor de Dios. Compartí con la Directora de Ministerios de Mujeres que yo pensaba que cuando yo me portaba mal, Dios me amaba menos. Y cuando hacía el bien, me sentía más cerca de Él. Me encantó su respuesta: «Guadalupe, ¿Sabes que Dios te amó, y murió por ti cuando todavía estabas en pecado? Su amor no cambia. Su amor es incondicional. Él te ama tal como eres». Nunca olvidé esas palabras. Efesios 2:8-9 dice: «Dios los salvó por su gracia cuando creyeron. Ustedes no tienen ningún mérito en eso; es un regalo de Dios. La salvación no es un premio por las cosas buenas que hayamos hecho, así que ninguno de nosotros puede jactarse de ser salvo». De acuerdo al diccionario, la definición de la palabra, *gracia* es: misericordia mostrada a un delincuente.

El amor de Dios no depende de hacer buenas obras, se debe solamente a su gracia maravillosa. Nosotros somos los que a veces nos distanciamos de Él. Dios siempre nos espera con los brazos abiertos. «Acérquense a Dios, y Dios se acercará a ustedes» (Santiago 4:8).

21. Lee Lucas 15:11-32. Al final de esta historia, ¿cómo reaccionó el padre hacia el hijo rebelde que se arrepintió?

Si has estado alejado de Dios, todo lo que tienes que hacer es arrepentirte sinceramente, y venir a Él. Dios correrá hacia ti, te abrazará y restaurará. Esa es la maravillosa imagen de nuestro Padre Eterno en esta parábola.

22. *Escribe una oración dándole gracias a Dios por su amor incondicional. Si todavía no estás listo, puedes pedirle a Dios que te ayude a entender y a sentir su gran amor por ti.*

23. Escribe Juan 3:16. *Medita en el significado de este versículo, y comparte tus sentimientos al respecto.*

Reemplaza las palabras «el mundo» con tu nombre en este versículo. Así lo harás más personal. Por ejemplo yo escribiría: «Pues Dios amó tanto a Guadalupe que dio a su único Hijo, para que al creer en Él no me pierda, más tenga vida eterna».

Dios enfatiza que dio a su único Hijo no solo para dejarnos saber que Él no tenía otros hijos, sino para hacernos conscientes de que Él entregó a su Hijo para salvarnos. Tú ciertamente eres valioso para Dios, tan valioso que Él dio a su único Hijo por ti.

ORACIÓN

Amado Padre Celestial, gracias por amarme con un amor perfecto e incondicional. Ayúdame a entender y a comprender el gran amor que tienes para mí. En el nombre de Jesús, amén.

VERSÍCULO DE MEMORIZACIÓN

> Pero Dios mostró el gran amor que nos tiene al enviar a Cristo a morir por nosotros cuando todavía éramos pecadores. ~ Romanos 5:8

CAPÍTULO TRES

EL MARAVILLOSO AMOR DE JESÚS

Por lo tanto, ya no hay condenación para los que pertenecen a Cristo Jesús. ~ Romanos 8:1

En este capítulo explico detalladamente cómo obtener la salvación y la vida eterna. Porque aunque yo tenía fe en Jesús, yo no estaba segura si iría al Cielo al morir. Ahora sé la respuesta con certeza. Espero que al final de esta lección tú también la sepas. Los versículos de la Biblia ya están incluidos en esta sección para que los leas detenidamente.

Cuando tenía diez años de edad, sentada en un banco de madera de una iglesia pequeña, escuché al pastor hacer la invitación de recibir a Cristo como nuestro Salvador. Mi corazón latía como si se quisiera salir de mi pecho. Mis pies se apresuraron hacia la parte delantera de la iglesia y acepté la invitación. Silenciosamente oré: «Señor, de ahora en adelante ya nunca me voy a pelear con mi hermana y ya nunca le voy a mentir a mi mamá. De ahora en adelante voy a ser buena todo el tiempo». Lamentablemente, a pesar de que ésas eran mis intenciones, esa misma tarde me estaba peleando con mi hermana y mintiéndole a mi mamá. Al realizar lo que había hecho pensé, «Oh no, ya perdí mi salvación y Dios me va a mandar al infierno».

A partir de ese momento traté de ser buena por mis propias fuerzas. Cada vez que el pastor hacía la invitación de recibir a Jesús, yo repetía la oración en mi mente para asegurarme de no ir al infierno. Sentimientos de culpabilidad llenaban mi corazón por las muchas veces que fallé en mi promesa a Dios de portarme bien todo el tiempo. No fue hasta que empecé a ir a los estudios bíblicos, a la edad de veinticinco años, que finalmente encontré las respuestas acerca de la salvación y la vida eterna.

Cuando asistí a mi primer estudio bíblico, escuché a las mujeres en el grupo decir que ellas estaban muy agradecidas por el sacrificio de Jesús en la cruz y por la seguridad que tenían de que irían al Cielo. Yo les dije, «Un momentito por favor, ¿Cómo pueden estar tan seguras? ¿Qué pasa si yo, a pesar de ser cristiana, de aquí a cinco años matara a alguien? ¿Todavía iría al Cielo?» Yo antes pensaba que cuando cometíamos un pecado, inmediatamente perdíamos la salvación. Por eso les di el ejemplo de un crimen tan serio como el de matar a alguien.

Mis amigas del grupo me explicaron que toda clase de pecado nos separa de Dios porque Él es santo. Las mentiras, el orgullo, las envidias también son pecados. No hay una escala de pecados pequeños y pecados grandes—pecado es pecado. Me dijeron que no importaba qué tipo de pecados yo cometiera en el futuro, ya Jesús había pagado el precio por todos ellos en la cruz. Y que solo necesitaba arrepentirme sinceramente y pedirle a Dios que me perdonara.

Ellas me aseguraron de que el mismo día que yo recibí a Jesucristo en mi corazón, yo fui aceptada como hija de Dios, recibí mi salvación, el perdón y el regalo de la vida eterna. Este concepto me fue muy difícil de aceptar porque parecía muy fácil. Les dije, «Debe de haber algo más que yo tenga que hacer—debo de ser buena todo el tiempo». Una de mis amigas, dulcemente me dijo, «¿Guadalupe, quieres decir que el sacrificio de Jesús en la cruz no fue suficientemente grande y por lo tanto tú tienes que añadirle?»

Otra amiga me preguntó, «¿Cuántas veces tiene Jesús que morir en la cruz para seguir perdonando tus pecados?» Luego me enseñó en la Biblia donde dice que Jesús murió una sola vez por todo el mundo y por todos nuestros pecados.

Hebreos 7:27 dice, «A diferencia de los otros sumos sacerdotes, él no tiene que ofrecer sacrificios día tras día, primero por sus propios pecados y luego por los del pueblo; porque él ofreció el sacrificio una sola vez y para siempre cuando se ofreció a sí mismo» (NVI - Nueva Versión Internacional). Este pasaje tan maravilloso tiene mucho sentido. Nuestra salvación no es basada en hacer buenas obras. La palabra de Dios nos asegura que la vida eterna se obtiene por medio de la fe al creer que Jesús es el Hijo de Dios. Por supuesto que cuando pecamos debemos arrepentirnos y pedirle a Dios que nos ayude a no seguir fallando.

Hace unos años, mi iglesia me pidió que yo diera la invitación de aceptar a Jesús al final de nuestra conferencia de mujeres. Luego, yo me iba a reunir en privado con las mujeres que hicieran esa decisión para explicarles un poco más acerca del paso que habían tomado. La noche antes del evento oré, pero no podía dormir. Decidí levantarme e ir a mi computadora. Empecé a escribir varios pasajes de la Biblia que explican nuestra condición humana antes de recibir a Cristo y los versículos que nos aseguran la vida eterna. Yo quería que ellas supieran bien lo que dice la Biblia acerca de la decisión que habían tomado.

Una señora hizo la oración de recibir a Jesús como su Salvador al final de la conferencia. Le di una hoja con la oración de aceptación y los siguientes versículos. Le sugerí que la guardara adentro de su Biblia como un grato recuerdo. Quería que supiera, sin duda alguna, que ese mismo día que hizo la oración, ella había cruzado de la muerte a la vida.

1. *De acuerdo a Romanos 3:23 y Eclesiastés 7:20 ¿Cuántas personas han existido que nunca hayan pecado?*

    Pues todos hemos pecado; nadie puede alcanzar la meta gloriosa establecida por Dios. ~ Romanos 3:23

    No hay una sola persona en la tierra que siempre sea buena y nunca peque. ~ Eclesiastés 7:20

2. *¿Quién fue la única persona que nunca pecó? Hebreos 4:14-16.*

    Por lo tanto, ya que tenemos un gran Sumo Sacerdote que entró en el Cielo, Jesús el Hijo de Dios, aferrémonos a lo que creemos. Nuestro Sumo Sacerdote comprende nuestras debilidades, porque enfrentó todas y cada una de las pruebas que enfrentamos nosotros, sin embargo él nunca pecó. Así que acerquémonos con toda confianza al trono de la gracia de nuestro Dios. Allí recibiremos su misericordia y encontraremos la gracia que nos ayudará cuando más la necesitemos. ~ Hebreos 4:14-16

3. ***Ahora que hemos establecido que todos hemos pecado y que el único hombre sin pecado fue Jesús, el Hijo de Dios, lee Romanos 6:23. ¿Cuál es la paga del pecado? ¿Y cuál es el regalo de Dios?***

> Pues la paga que deja el pecado es la muerte, pero el regalo que Dios da es la vida eterna por medio de Cristo Jesús nuestro Señor. ~ Romanos 6:23

4. ***Lee Juan 3:16. ¿Qué significa este famoso versículo de la Biblia en lo personal?***

> Pues Dios amó tanto al mundo que dio a su único Hijo, para que todo el que crea en él no se pierda, sino que tenga vida eterna. ~ Juan 3:16

¿Qué hizo que Dios nos diera a su único Hijo? ¡Fue amor! Este versículo es muy sencillo—todo el que crea y ponga su fe en Jesús, el Hijo de Dios, no se perderá y tendrá vida eterna.

¿Recuerdas mi historia de la primera vez que yo recibí a Jesús y que esa misma tarde había pecado y roto mi promesa con Dios? No fue hasta que leí los siguientes versículos que yo finalmente comprendí que mi salvación no dependía de comportarme bien o de tratar de ser perfecta por mi propia cuenta.

5. ¿Cómo obtenemos la salvación según Efesios 2:8-9 y Romanos 10:9?

> Dios los salvó por su gracia cuando creyeron. Ustedes no tienen ningún mérito en eso; es un regalo de Dios. La salvación no es un premio por las cosas buenas que hayamos hecho, así que ninguno de nosotros puede jactarse de ser salvo. ~ Efesios 2:8-9

El diccionario da la siguiente definición de las palabras «regalo» y «gracia»:

Regalo:
1: Algo transferido voluntariamente por una persona a otra sin compensación.

Gracia:
1: Ayuda divina inmerecida dada a los seres humanos para su regeneración o santificación.

La gracia y la salvación son los regalos que Dios les da a aquéllos que hayan entregado sus vidas a su Hijo, Jesús.

> Que si confiesas con tu boca que Jesús es el Señor y crees en tu corazón que Dios lo levantó de entre los muertos, serás salvo (NVI – Nueva Versión Internacional). ~ Romanos 10:9

Tuve el maravilloso privilegio de hablarles a tres personas acerca de Jesús, antes de que fallecieran. Yo apenas los conocía. La primera fue una mujer que estaba muriendo de cáncer. Mi preocupación inmediata fue saber si ella era cristiana o no. Pensé en ir a visitarla y compartir con ella algunos versículos de la Biblia que hablan de la salvación. Mi oración antes de verla, fue: «Señor, por favor ayúdame a saber qué decir y qué no decir».

El día que la fui a ver, ella estaba débil y ya no podía hablar. Los doctores la mantenían sedada con medicina la mayor parte del tiempo para controlar el dolor. Le pedí a Dios que ella estuviera alerta cuando yo fuera a verla y así fue. Ella estaba acostada y yo estaba de pie enfrente de su cama. Después de unos cuantos minutos, le dije: «Yo sé que puedes escucharme y entenderme aunque pareciera que estuvieras casi dormida. Yo tuve el mismo efecto cuando me operaron de la vesícula, mi mente estaba alerta a pesar de estar fuertemente sedada». Ella asintió con la cabeza.

Las palabras que salieron de mi boca me sorprendieron. Ella me miraba directamente con sus ojos casi cerrados y le dije: «¿Sabes que Jesús te ama?» Ella volteó la cabeza hacia un lado para evitar verme. Sentí como si me habían echado un balde de agua fría. Pensé: «Dios mío, ¿por qué quisiste que le dijera eso cuando ella está sufriendo tanto?» Me quedé callada. Después de dos largos minutos, ella volvió la cabeza hacia el frente para mirarme. Esta vez tenía sus ojos bien abiertos. Hizo un gran esfuerzo haciendo sonidos para llamar mi atención. Yo apunté a mi pecho y le pregunté, «¿Yo? ¿Quieres que te diga lo que te iba a decir?» Ella asintió con la cabeza.

A partir de ese momento, tuve toda su atención y compartí mi fe con ella. Le describí lo hermoso que es el Cielo de acuerdo a las Escrituras. Su rostro estaba tranquilo, como si disfrutaba de todo lo que yo le compartía. El Espíritu Santo me ayudó a saber qué decir. Al final le pregunté que si quería aceptar a Jesús como su Salvador. Ella asintió con la cabeza. Dije la oración mientras sostenía su mano. Esta maravillosa mujer falleció tres días después. Ella tuvo la oportunidad de escuchar acerca de Jesús y abrirle la puerta de su corazón. Yo sentí una gran paz sabiendo que ella estaba ahora en el Cielo con Jesús.

Un par de meses después, fui a visitar a un hombre que estaba muriendo de cáncer. Su hija nos presentó en el hospital. Tuvimos una breve conversación y luego le dije: «Vine para compartir mi fe y algunos versículos de la Biblia con usted. Sé que probablemente estaba esperando ver a un sacerdote o a un ministro y no a una persona de solo treinta años de edad». Él dijo: «Así es». Le pregunté si estaba bien que yo le mostrara lo que dice la Biblia acerca del perdón y la vida eterna. Estuvo de acuerdo en escucharme.

Le leí Romanos 10:9, «Que si confiesas con tu boca que Jesús es el Señor y crees en tu corazón que Dios lo levantó de entre los muertos, serás salvo». Le expliqué que un sacerdote o un ministro no eran necesario para confesarse, porque Jesús es nuestro gran Mediador y por medio de su sacrificio tenemos acceso directo a Él. 1 Timoteo 2:5 dice: «Pues hay solo un Dios y solo un Mediador que puede reconciliar a la humanidad con Dios, y es el hombre Cristo Jesús».

Todos los versículos que le leí lo convencieron de que Jesús es el camino hacia Dios. Cuando le estaba hablando, su mano le empezó a temblar incontrolablemente, en la bandeja de su cama de hospital. Cuando le tomé su mano suavemente para hacer que se detuviera, pude sentir el gran amor y la compasión que Dios tenía para él. ¡Fue un amor tan tierno! El Señor me sorprende cuando puedo sentir el amor hacia a los demás a través de Él. Al final de nuestra conversación, él le dio su vida a Jesús. Él pasó a la presencia de Dios, tres días después de nuestra reunión.

La tercera ocasión en la que compartí mi fe en Jesús fue con una compañera de trabajo. Ella tenía treinta años de edad y estaba comprometida a casarse, cuando descubrió que tenía cáncer en el pecho. Cuando estaba en el trabajo enfrente de mi computadora, sentí que mi amiga, a quien llamaré Kim (no su verdadero nombre), no tenía mucho tiempo de vida, a pesar de que no había reportes que indicaran eso. Le pregunté a otra compañera de trabajo si Kim era cristiana y me dijo que era budista.

Fui a visitar a Kim al hospital. Ya había perdido todo su hermoso cabello negro. Hablamos del trabajo y le dije que habíamos estado orando por ella. Entonces le dije: «Sé que has estado enferma. Aunque yo no estoy enferma, ninguna de nosotras sabe realmente cuánto tiempo nos queda de vida. Por ejemplo, yo podría salir de este hospital y ser atropellada por un coche. A pesar de que no estoy enferma, yo me iría primero. Tú ya sabes que yo soy cristiana. No sé mucho acerca de tu religión, pero me gustaría que me dieras permiso de compartir mi fe contigo». Ella accedió. Le dije: «No sé mucho acerca de Buda, pero sí sé que Jesús es conocido en toda la historia por haber resucitado de entre los muertos. Quinientas personas lo vieron vivo después de su resurrección durante los cuarenta días que estuvo en la tierra antes de ascender al Cielo».

Al final de nuestra conversación le pregunté a Kim si había algo por lo que ella quisiera que yo orara. Su petición fue que el dolor desapareciera. Oré por ella. Mis últimas palabras para Kim fueron: «Tal vez incluso esta noche, si estás lista, puedes invitar a Jesús a tu corazón, diciendo una oración sencilla, confesando tus pecados a Dios y reconociéndolo como tu Salvador». Ella sonrió y me dio las gracias por la visita. Al día siguiente entró en coma. No más dolor para Kim. Murió dos días después.

Una semana después de su muerte, yo estaba en el trabajo y me pregunté si Kim había aceptado a Jesús. Oré: «Señor, yo no sé si ella te aceptó como su Salvador antes de morir. Sé que me daré cuenta cuando sea mi turno de ir al Cielo. Pero Señor, si hay alguna manera de que yo pueda enterarme aquí en la tierra, ¿podrías hacérmelo saber, por favor?»

Cuando fui a la sala de descanso, cuatro compañeras de trabajo estaban allí hablando sobre el funeral de Kim. Una de ellas me preguntó: «¿Oíste lo que pasó?» Ella me dijo que durante el funeral, después del entierro, el prometido de Kim estaba hablando con una amiga de trabajo de Kim cuando de pronto se distrajo.

«¡Ahí está!» dijo señalando detrás de ella. La mujer volvió a ver y no había nadie. Él le dijo, «Vi a Kim y tenía su pelo negro y largo. Traía puesta una vestidura larga y blanca. Tenía los brazos extendidos y estaba sonriendo». Tan pronto como mi amiga compartió esto, les hablé de mi petición de oración antes de tomar mi descanso. ¡Dios nunca deja de maravillarme!

Estas tres experiencias no se tratan de mí. Tienen que ver con el gran amor de Dios quien usa a gente ordinaria como nosotros para extender su gracia y perdón en el momento preciso. Di gracias a Dios por darme la libertad de haber hablado con Kim. Es difícil visitar a alguien a quien no le queda mucho tiempo de vida. Dios me ayudó a superar mi miedo de ser rechazada. Yo sabía que una vida estaba de por medio para toda una eternidad. El amor de Dios es persistente. Él no quiere que nadie se pierda.

6. ¿Cuál es la invitación hecha por Dios en Apocalipsis 22:17?

> El Espíritu y la esposa dicen: «Ven». Que todos los que oyen esto, digan: «Ven». Todos los que tengan sed, vengan. Todo aquel que quiera, beba gratuitamente del agua de la vida.
> ~ Apocalipsis 22:17

Me tomó muchos años entender que la vida eterna me fue dada como un regalo «gratis». ¿Has oído de un regalo que no sea gratis? Dios nos ama tanto que quiere asegurarse de que entendamos que es completamente gratis. Sin ataduras. No podemos comprar o ganarnos la vida eterna, nos es obsequiada en el preciso momento que ponemos nuestra fe en Jesús, el Hijo de Dios.

Hay muchas religiones que creen que debemos hacer muchas buenas obras y sacrificios para poder entrar al Cielo. La verdad es que no podemos entrar al Cielo por nuestros propios esfuerzos. Nuestra salvación es por medio del sacrificio de Jesús en la cruz. El Hijo de Dios nos dijo en las Escrituras que Él es «el camino, la verdad y la vida». Jesús es el único que lo puede hacer posible. Por ejemplo, el ladrón que fue crucificado al lado de Jesús no tuvo la oportunidad de hacer buenas obras antes de morir. Sin embargo al creer que Jesús era el verdadero Hijo de Dios y arrepentirse, Jesús le respondió: «... Te aseguro que hoy estarás conmigo en el paraíso» (Lucas 23:43).

A mí me gusta agradar a Dios en todo lo que hago, pero no lo hago por obligación como lo hacía antes. Ahora lo hago con un corazón lleno de amor y agradecimiento. No podemos ganarnos la salvación a través de buenas obras. Somos salvos por medio de la fe y por la gracia de nuestro Señor Jesucristo. Sin embargo, la Biblia dice que seremos recompensados por nuestras buenas obras, pero mi recompensa más grande será el poder besar las manos y los pies de Jesús.

7. **Lee 2 Corintios 1:21-22, 2 Corintios 5:17 y Colosenses 2:13-14. Nombra todas las cosas que ocurren como resultado de entregarle nuestras vidas a Jesús.**

> Es Dios quien nos capacita, junto con ustedes, para estar firmes por Cristo. Él nos comisionó y nos identificó como suyos al poner al Espíritu Santo en nuestro corazón como un anticipo que garantiza todo lo que él nos prometió. ~ 2 Corintios 1:21-22

> Esto significa que todo el que pertenece a Cristo se ha convertido en una persona nueva. La vida antigua ha pasado, ¡una nueva vida ha comenzado! ~ 2 Corintios 5:17

> Ustedes estaban muertos a causa de sus pecados y porque aún no les habían quitado la naturaleza pecaminosa. Entonces Dios les dio vida con Cristo al perdonar todos nuestros pecados. Él anuló el acta con los cargos que había contra nosotros y la eliminó clavándola en la cruz. ~ Colosenses 2:13-14

¿Cuántos pecados te perdonó, Jesús? ¡Todos! Los clavó todos en la cruz.

8. **¿Qué hace Dios con nuestros pecados cuando nos arrepentimos y nos confesamos con Él? Lee Isaías 43:25.**

> «Yo, sí, yo solo, borraré tus pecados por amor a mí mismo y nunca volveré a pensar en ellos». ~ Isaías 43:25

Durante mis años como líder de estudios bíblicos, he escuchado a muchas personas decir que a pesar de que le han pedido perdón a Dios por sus pecados, siguen sintiéndose culpables y avergonzados por su pasado. Siguen cargando una culpabilidad que, de acuerdo a la Palabra de Dios, ya no existe.

Por ejemplo piensa en el niño que le dice a su papá que lo perdone por una falta y que está realmente arrepentido. El padre lo perdona pero el niño sigue el resto de su vida sintiéndose culpable y cargando el peso de su error. El papá ya ni se acordaba de lo que su hijo había hecho porque ya lo había perdonado. Este es un ejemplo de cómo es Dios cuando nosotros nos arrepentimos. Con la diferencia de que Dios es perfecto y nunca más se acuerda de los pecados que ya hemos confesado.

Yo en el pasado le pedía perdón a Dios pero aún después de orar seguía sintiéndome culpable por mis pecados, hasta que un día me di cuenta de que esto significaba que no estaba recibiendo el perdón completo de Dios. Tenemos que creer y aceptar que ya Dios nos ha perdonado y recibir su gracia con los brazos abiertos. Él quiere que así lo hagamos.

9. Según Romanos 8:38-39, ¿qué nos puede separar del amor de Dios?

> Y estoy convencido de que nada podrá jamás separarnos del amor de Dios. Ni la muerte ni la vida, ni ángeles ni demonios, ni nuestros temores de hoy ni nuestras preocupaciones de mañana. Ni siquiera los poderes del infierno pueden separarnos del amor de Dios. Ningún poder en las alturas ni en las profundidades, de hecho, nada en toda la creación podrá jamás separarnos del amor de Dios, que está revelado en Cristo Jesús nuestro Señor.
> ~ Romanos 8:38-39

10. ¿Dónde está escrito tu nombre cuando recibes a Cristo? Lee Lucas 10:20, Apocalipsis 3:5 y Apocalipsis 21:27.

> Pero no se alegren de que los espíritus malignos los obedezcan; alégrense porque sus nombres están escritos en el Cielo. ~ Lucas 10:20

> Todos los que salgan vencedores serán vestidos de blanco. Nunca borraré sus nombres del libro de la vida, sino que anunciaré delante de mi Padre y de sus ángeles que ellos me pertenecen. ~ Apocalipsis 3:5

> No se permitirá la entrada a ninguna cosa mala ni tampoco a nadie que practique la idolatría y el engaño. Solo podrán entrar los que tengan su nombre escrito en el libro de la vida del Cordero. ~ Apocalipsis 21:27

En los tiempos del Antiguo Testamento, un cordero inocente, puro y sin mancha tenía que ser sacrificado para redimir los pecados del hombre. La sangre de ese cordero era ofrecida para poder obtener el perdón.

En el Nuevo Testamento, Jesús es llamado el Cordero de Dios, porque Él es el Cordero inocente, sin mancha que fue sacrificado por todos nuestros pecados. Somos hechos limpios y blancos como la nieve por la sangre de Jesús. Isaías 1:18 dice: «Vengan ahora. Vamos a resolver este asunto—dice el Señor— Aunque sus pecados sean como la escarlata, yo los haré tan blancos como la nieve. Aunque sean rojos como el carmesí, yo los haré tan blancos como la lana».

11. Lee Juan 1:29-34 para saber lo que dijo Juan el Bautista acerca de Jesús. ¿Qué es lo que el Cordero de Dios quita, según el versículo 29?

> Al día siguiente, Juan vio que Jesús se le acercaba y dijo: «¡Miren! ¡El cordero de Dios, que quita el pecado del mundo! A él me refería cuando yo decía: 'Después de mí, vendrá un hombre que es superior a mí porque existe desde mucho antes que yo'. No lo reconocí como el Mesías, aunque estuve bautizando con agua para que él fuera revelado a Israel». Entonces Juan dio testimonio: «Vi al Espíritu Santo descender del Cielo como una paloma y reposar sobre él. Yo no sabía que era el Mesías, pero cuando Dios me envió a bautizar con agua, me dijo: 'Aquel, sobre quien veas que el Espíritu desciende y reposa, es el que bautizará con el Espíritu Santo'. Vi que eso sucedió con Jesús, por eso doy testimonio de que él es el Elegido de Dios».

12. ¿Qué estuvo Jesús dispuesto a hacer por ti? Lee Isaías 53:7.

> Fue oprimido y tratado con crueldad, sin embargo no dijo ni una sola palabra. Como cordero fue llevado al matadero. Y como oveja en silencio ante sus trasquiladores, no abrió su boca.
> ~ Isaías 53:7

13. ¿Con cuál propósito envió Dios a Jesús al mundo? Lee Juan 3:17.

> Dios no envió a su Hijo al mundo para condenar al mundo, sino para salvarlo por medio de él. ~ Juan 3:17

14. Según Lucas 15:7, ¿qué sucede en el Cielo cuando un pecador se arrepiente?

> De la misma manera, ¡hay más alegría en el Cielo por un pecador perdido que se arrepiente y regresa a Dios que por noventa y nueve justos que no se extraviaron! ~ Lucas 15:7

Hay una gran fiesta en el Cielo en tu honor cuando tu nombre se escribe en el Libro de la Vida. Tal vez hasta ahora no estabas seguro si eras realmente un hijo de Dios, y no sabías donde ibas a pasar la eternidad. Espero que la lectura de estos versículos en este capítulo te haya logrado convencer de que la salvación es un regalo «gratuito» de Dios, y que el maravilloso amor de Dios y su gracia es lo que lo hace posible.

Si hoy pones tu fe en Jesucristo, el Hijo de Dios, puedes convertirte en un hijo o una hija de Dios. Lee la siguiente oración. Puedes leerla en voz alta y luego firmarla. Al hacer esto, confiesas con tu boca que Jesús es el Señor. Cuando te arrepientas de tus pecados, recibirás el perdón completo por todos y cada uno de tus pecados y tendrás la seguridad de la vida eterna.

Después de hacer esto, puedes celebrar y, literalmente hablando, hasta saltar de alegría por saber ahora donde estarás toda una eternidad. Jesús dijo: «Les digo la verdad, todos los que escuchan mi mensaje y creen en Dios, quien me envió, tienen vida eterna. Nunca serán condenados por sus pecados, pues ya han pasado de la muerte a la vida» (Juan 5:24).

ORACIÓN PARA INVITAR A JESÚS EN TU CORAZÓN

Señor Jesús,

Creo por fe que Tú eres el Hijo de Dios,

que Tú moriste por mí en la cruz

Y que Tú resucitaste de entre los muertos.

Me arrepiento hoy de todos mis pecados... aun de los que ya se me hayan olvidado.

¡Me rindo completamente a Ti!

Te invito a que entres en mi corazón como mi Salvador personal.

Gracias por limpiarme de todos mis pecados y gracias por darme vida eterna.

Por favor ayúdame a seguirte y hacer tu santa voluntad todos los días de mi vida.

Te lo pido en tu santo nombre, Jesús. ¡Amén!

_____

Firma y Fecha

Romanos 8:1 dice: «Por lo tanto, ya no hay condenación para los que pertenecen a Cristo Jesús».

La palabra «condenar» significa pronunciar culpable. Cuando estamos en Cristo, somos libres de condenación— ¡Gloria a Dios!

15. *Escribe en el siguiente espacio lo que el gran amor de Jesús y el Padre significan ahora para ti.*

ORACIÓN

Amado Padre Celestial, gracias por enviar a tu Hijo Jesús para salvarme. Gracias por el regalo de la salvación. Ayúdame a nunca olvidarme de lo grande y costoso que fue tu sacrificio por mí. Te lo pido en el nombre de Jesús. ¡Amén!

VERSÍCULO DE MEMORIZACIÓN

> Por lo tanto, ya no hay condenación para los que pertenecen a Cristo Jesús. ~ Romanos 8:1

Apocalipsis 3:20 dice: «¡Mira! Yo estoy a la puerta y llamo. Si oyes mi voz y abres la puerta, yo entraré y cenaremos juntos como amigos».

Me encanta como Jesús dice en este versículo que Él vendrá a cenar con nosotros. Lo que esto significa es que Él quiere una relación muy personal contigo. Piensa en las personas que conoces. Puedes tener amigos y conocidos, pero solo invitas a cenar a las personas cercanas o a gente que deseas conocer mejor. Jesús quiere ese tipo de relación. ¡Él quiere cenar contigo!

NOTA

Si tú aceptaste a Jesús como tu Salvador, compártelo con tu líder de estudio bíblico o con algún ser querido. Les traerá mucha alegría saber que irás al Cielo por toda una eternidad.

También me encantaría recibir un correo electrónico de tu parte, para celebrar y pedirle a Dios por su protección y guía sobre tu vida. Puedes enviarme un correo electrónico a: isaboutJesus@gmail.com

Puedes bajar una copia gratuita de esta sección de la Salvación y seguridad de la vida eterna para compartir con otras personas en mi página: www.GuadalupeCCasillas.com

CAPÍTULO CUATRO

EL REGALO DE SU ESPÍRITU SANTO

Cuando venga el Espíritu de verdad, Él los guiará a toda la verdad. Él no hablará por su propia cuenta, sino que les dirá lo que ha oído y les contará lo que sucederá en el futuro.
~ Juan 16:13

Jesús no solo nos da el regalo de la salvación, sino que nos dejó otro regalo— el precioso Espíritu Santo. El Espíritu de Dios que vive dentro de nosotros.

¿Quién es el Espíritu Santo? Es la tercera persona de la Trinidad, el Espíritu de Dios. El día en que aceptes a Jesús en tu corazón, recibes la vida eterna, y también obtienes un Ayudante y Consejero que estará contigo hasta el fin de este mundo— y es gratuito. Imagínate la cantidad de dinero que tú le pagarías a un consejero para que te ayudara todos los días de tu vida.

1. *¿Qué sucedió el día en que pusiste tu fe en Jesucristo y con quién fuiste sellado? Lee Efesios 4:30 (preferiblemente en la traducción Nueva Versión Internacional).*

2. *¿Cuándo fue la primera vez que el Espíritu Santo fue mencionado en la Biblia? ¿Estuvo durante la Creación? Lee Génesis 1:2.*

Padre, Hijo y Espíritu Santo son uno solo y han existido siempre. En los tiempos del Antiguo Testamento, no todos tenían al Espíritu Santo, como lo tenemos todos los creyentes hoy en día. El Espíritu Santo fue concedido a unas pocas personas, por un período de tiempo, para llevar a cabo los proyectos o cosas específicas que Dios les había encomendado.

3. ¿Cuáles fueron los proyectos o deberes que fueron asignados a estas personas por el Espíritu Santo en Éxodo 35:30-32 y Números 11:29?

4. Lee Juan 14:26, 16:7-8, 16:13 y 16:15. ¿Qué hace el Espíritu Santo en la vida de los creyentes?

Los pasajes anteriores se refieren al Espíritu Santo como «Él» y no «algo». El Espíritu Santo habla, escucha, guía, comunica y nos revela las cosas de Dios. Cualquier grupo religioso que no reconoce la Trinidad y la obra del Espíritu Santo no está basado en la Biblia. La Palabra de Dios es muy clara acerca de la presencia del Espíritu Santo en la vida de cada creyente.

5. ¿Qué regalo le prometió Jesús a sus discípulos después de su muerte y resurrección? Lee Hechos 1:1-5.

Jesús se aseguró de que no estaríamos solos. Él nos dio su Espíritu para aconsejarnos, guiarnos, protegernos y ayudarnos.

6. **La Biblia también menciona los dones del Espíritu Santo. ¿Cuáles son esos regalos de acuerdo a 1 Corintios 12:8-11?**

Los dones que Dios decide darnos son para servirle y glorificarle. No son para vanagloriarnos. Debemos utilizarlos para edificar al cuerpo de Cristo— su iglesia.

7. **Lee 1 Corintios 12:1, 14:1 y 14:12. ¿Qué nos enseña Pablo sobre los dones espirituales?**

Pablo dijo: «... Ya que están tan deseosos de tener las capacidades especiales que da el Espíritu, procuren las que fortalecerán a toda la iglesia». Lamentablemente hay personas que se ponen celosas de los dones espirituales que otros tienen. En lugar de edificar a la iglesia espiritualmente la derriban con sus envidias. Examinémonos y oremos para evitar ese tipo de comportamiento destructivo hacia nuestros hermanos y hermanas en Cristo.

8. ¿Qué más nos enseña Pablo sobre los dones espirituales? Lee Romanos 12:3-8 y 1 Corintios 13:1-3.

9. Lee Gálatas 5:22-23 y anota cuales son los frutos del Espíritu Santo.

10. ¿Qué dijo Jesús antes de regresar al Cielo? ¿Qué otros nombres se le han dado al Espíritu Santo, y cuanto tiempo dijo que estaría con nosotros? Lee Mateo 28:19-20 y Juan 14:16-18.

11. Lee Hechos 2:1-4 y describe lo que sucedió ese día.

12. ¿Qué otro tipo de ayuda nos ofrece el Espíritu Santo? Romanos 8:26-27.

Nosotros, los creyentes, somos los santos. Es difícil pensar en nosotros mismos como santos, pero si tú tienes a Jesús en tu corazón, Dios no ve tu pecado. Él ve a su Hijo perfecto morando en ti, quien cubrió todos tus pecados con la sangre que derramó por ti en la cruz.

El Espíritu Santo intercede por nosotros y nos ayuda en nuestras debilidades. Cuando a veces no sabemos qué palabras decir al orar en los momentos difíciles, «... El Espíritu mismo intercede por nosotros con gemidos que no pueden expresarse con palabras» como dice en Romanos 8:26, y Él nos ayuda a orar de acuerdo a la voluntad perfecta de Dios.

En una ocasión, experimenté la intercesión del Espíritu cuando me sentí desesperada como madre debido a la rebelión de uno de mis adolescentes. Me arrodillé junto a mi cama y le abrí mi corazón a Dios: «Señor, no sé qué más pedirte que no haya dicho antes... No tengo nada nuevo que decir». Mi corazón estaba quebrantado. Todo lo que podía hacer era llorar. Entonces, le dije: «Señor, no tengo palabras que decirte, así que solamente me voy a quedar aquí de rodillas llorando». Emocionalmente agotada, puse mi cara en la cama, como una niña que llora en el regazo de su padre. Me imaginé a Dios acariciándome el cabello diciéndome que todo iba a estar bien.

Mis llantos desgarradores se convirtieron en sollozos. Me sentí rodeada de la paz y la presencia de Dios. El Espíritu Santo intercedió por mí cuando yo no tenía fuerzas o palabras que decir. Al pasar de los meses, el Señor contestó mi oración y mis lágrimas de tristeza se convirtieron en lágrimas de gozo.

En el pasado yo trataba de resolver mis problemas por mi cuenta propia. No acudía a Dios en busca de ayuda hasta que agotaba todos mis recursos. Ahora me dirijo a Dios primero buscando su dirección. A veces mis problemas desaparecen sin que yo haya tenido que intervenir. Otras veces Dios me ha dado la paciencia y las fuerzas necesarias para esperar que Él resolviera mis problemas en su tiempo perfecto. Vivir la vida cristiana bajo el poder de Dios es permitir que su Espíritu Santo nos ayude e interceda por nosotros.

A través de los años, el Espíritu de Dios me ha ayudado a amar a personas de carácter difícil, a ser amable con los que no los son, perdonar cuando no quería o podía, y sonreír en tiempos difíciles.

El Antiguo Testamento tiene muchas historias de cómo algunas personas consultaban con Dios antes de ir a la guerra o antes de tomar decisiones importantes. El Señor los bendecía y les daba la victoria. Y cuando tomaban decisiones sin consultar con Dios primero, eran derrotados. Dios me ha enseñado a consultar con Él antes de tomar cualquier decisión en mi vida, ya sea grande o pequeña. Nuestro Padre Celestial anhela ayudarnos y protegernos.

Si has recibido a Jesús como tu Señor y Salvador, tendrás siempre su compañía. Y si todavía no lo has recibido puedes hacer una pausa ahora mismo y pedirle que entre en tu vida, si es que estás listo. Su Espíritu

Santo nunca te dejará, ni te desamparará. No se irá cuando tú le falles. Él amorosamente te indicará lo malo que hayas hecho. Y si te arrepientes, Él te limpiará, te tomará de la mano, y al final de tus días te llevará a tu hogar—a tu hogar eterno.

13. *Esta vez es tu turno de escribir la oración final de este capítulo. Escribe tu oración dando gracias a Dios por el regalo y la ayuda de su Espíritu Santo.*

ORACIÓN

VERSÍCULO DE MEMORIZACIÓN

> Cuando venga el Espíritu de verdad, Él los guiará a toda la verdad. Él no hablará por su propia cuenta, sino que les dirá lo que ha oído y les contará lo que sucederá en el futuro. ~ Juan 16:13

CAPÍTULO CINCO

MI AMOR POR JESÚS

Pues nada es imposible para Dios.
~ Lucas 1:37

¿Cómo alguien, que dudaba de la bondad de Dios y que dejó de creer en Él, ahora pueda decir que lo ama con todo su corazón? ¿Cómo alguien que contemplaba el suicidio, pueda estar ahora gozando tanto de la vida? Ésta es la historia de mi vida. En este capítulo voy a compartir mis experiencias con Dios incluyendo mis luchas y batallas.

Creo que amar a Dios es lo más importante que podemos hacer como sus seguidores. Quiero relatarles cómo mi amor y pasión por Jesús crecieron y por qué decidí entregarle toda mi vida. Espero que mis experiencias inspiren tu vida también.

LOS PRIMEROS AÑOS

Mi madre era creyente, pero mi padre no tenía una relación personal con Jesús. Hubo fricción entre ellos a causa de eso. Un día cuando yo era joven, tuve un sueño en el que toda mi familia, excepto mi papá, nos habíamos ido al Cielo. Me desperté triste y le pedí a Dios que mi padre llegara algún día a tener una relación personal con Cristo. También oré pidiéndole que mi futuro esposo fuera cristiano.

Años más tarde, mi familia y yo emigramos de Nicaragua a California, donde conocí a mi futuro esposo, Eduardo. Él era cristiano e íbamos juntos a la iglesia donde mi familia y yo habíamos empezado a asistir, pero no sabíamos mucho acerca del pasado de esa iglesia.

Eduardo y yo nos casamos al año y medio después de conocernos. Al siguiente domingo después de regresar de nuestra luna de miel, él me dijo que ya no pensaba asistir a la iglesia. Me compartió que antes de que yo llegara de Nicaragua la mitad de la congregación se había retirado debido a múltiples inconsistencias en esa iglesia. Eduardo se desilusionó con el cristianismo. Estuve de acuerdo con no asistir a esa iglesia, pero Eduardo decidió no asistir a ninguna otra.

MIS AÑOS DE OSCURIDAD

Después de orar por dos años para que mi esposo viniera a la iglesia conmigo sin obtener ninguna respuesta, le dije a Dios que ya no creía que Él existía. Porque a pesar de que mi petición era por algo bueno, sentía que a Dios no le importaban mis sentimientos y que Él me estaba ignorando. Decidí dejar de ir a la iglesia hasta que mi esposo empezara a asistir de nuevo. Lo curioso es que, le decía a Dios que ya no creía en Él y sin embargo todavía estaba conversando con Él mientras le decía adiós.

Mi depresión y actitud rebelde contra Dios aumentaron. Yo me preguntaba, «¿Para qué vivir si Dios no existe y de todas maneras todos vamos a morir y a sufrir en este mundo?» Mi corazón se llenó de amargura. Ya no más iglesia. No más oraciones. No más Dios. Además de eso, mi autoestima estaba muy baja. Había aumentado unas cuantas libras de peso después de mi segundo embarazo. No fueron muchas, pero mi esposo quería verme más delgada. Sentí que su amor por mí era condicional. Eduardo me amaba, pero se preocupaba de ver que yo estaba empezando a descuidar mi apariencia física. Él creía que sus comentarios de decirme que comiera menos iban a ayudarme, pero fue todo lo contrario, me lastimaron mucho emocionalmente. Empecé a comer compulsivamente. Los postres llegaron a ser mi consuelo emocional, lo cual hizo que subiera más de peso. La tristeza y la desesperación me consumían. Ya no tenía esperanzas.

Pensaba en suicidarme, y solo tenía veinticuatro años de edad. Contemplaba quitarme la vida pero no sabía cómo hacerlo sin que fuera a dolerme. También mis dos hijos estaban pequeños y yo no quería que ellos crecieran sin una madre o que la gente supiera que su mamá se había suicidado. Entonces seguí viviendo en depresión. A veces, mi esposo me invitaba a salir para animarme pero yo solo quería quedarme acostada en el sofá. No tenía ganas de hacer nada. Yo pensaba, ¿Para qué me esfuerzo en maquillarme o arreglarme? Ya no tenía motivación. Había perdido el deseo de vivir. Las galletas y los helados se convirtieron en mi refugio y consuelo.

DESCUBRIMIENTO

A los veinticinco años, en medio de mi depresión, una de mis cuñadas me invitó a asistir a mi primer estudio bíblico. Mi vida estaba a punto de cambiar.

En mi primera reunión escuché a las mujeres de mi grupo hablar de Dios como si lo conocieran personalmente. Ellas estaban seguras del amor de Dios. Algunas se referían a Él como «Abba Padre» y «Papito». Yo no sabía que la palabra «Abba», significa «Papito» en arameo. En esa misma reunión las mujeres de mi grupo leyeron el Salmo 139. El versículo catorce me llamó mucho la atención, «¡Te alabo porque soy una creación admirable! ¡Tus obras son maravillosas, y esto lo sé muy bien!» (NVI). Me dio un gran gozo descubrir qué tan especial yo era para Dios y que fui maravillosamente creada por Él.

Hasta ese punto, yo tenía una imagen distorsionada de Dios. A mi parecer, Dios estaba muy lejos de mí, y estaba constantemente vigilándome para castigarme cuando me portara mal. Las veces que yo trataba de ocultarle a mi mamá las cosas malas que había hecho, ella solía decirme: «Tú puedes ocultarme las cosas y mentirme, pero Dios todo lo ve». Y aunque eso es cierto, yo pensaba que Dios estaba siempre en mi contra.

Mi depresión empezó a desaparecer cuando inicié los estudios bíblicos. Gradualmente fui descubriendo el gran amor de Dios. Me di cuenta de que Él mantenía sus ojos en mí no para castigarme, sino más bien para protegerme.

Dos semanas antes de que me invitaran a participar en el estudio, fui a ver a mi doctor acerca de mi depresión. Mi condición siempre era peor la semana antes de mi ciclo menstrual debido al cambio de hormonas que ocurre. El doctor tenía la pluma y la libreta lista para recetarme los antidepresivos, pero yo le dije: «Espere un momento doctor. Por favor deme dos semanas, y si no me siento mejor para entonces las comenzaré a tomar».

Al empezar los estudios bíblicos noté que entre más leía la Biblia, más alegría y paz sentía. Las veces que la depresión empezaba a atacarme, le pedía a Dios que me ayudara y que llenara mi corazón de gozo. Continué asistiendo a los estudios bíblicos. Después del primer año salí de la depresión, sin ayuda de medicamentos. No más pensamientos suicidas. Mi autoestima mejoró al reconocer cuánto me amaba Dios y que Él estaba complacido en cómo me había creado. Nunca regresé por la receta médica. ¡Gracias a Dios! Con esto no quiero decir que sea malo tomar anti-depresivos. En algunos casos es necesario. En mi propio caso, Dios me sanó cuando me acerqué más a Él.

La clave de mi sanidad mental ha sido permanecer en el amor de Dios a través de la lectura de su Palabra. ¡Le estoy muy agradecida a Dios! Ahora mi mayor deseo es dar estudios bíblicos y guiar a otras personas a que lleguen a descubrir y a disfrutar del amor, la paz y el gozo que solo Dios les puede dar.

Los años que fui a la iglesia sin mi esposo fueron difíciles, sobre todo cuando veía a otras parejas sentadas juntas, mientras que el asiento a mi lado estaba vacío. Se me salían las lágrimas cuando durante la alabanza cantaba: «Aunque nadie venga conmigo, siempre te seguiré». Con el pasar de los años le dije a Dios: «Señor, si mi esposo nunca viene a la iglesia conmigo, lo acepto. Solo tengo una petición, si él muere antes que yo, quiero saber que fue salvo». ¡Poco después de haber orado y resignarme a la voluntad de Dios a este respecto, Eduardo decidió venir de nuevo a la iglesia! Cuando le pregunté a Eduardo qué lo había hecho cambiar de parecer después de veintidós años, él dijo que fue el ver mi fidelidad y amor hacia a Dios durante todos esos años.

LAS BENDICIONES

Eduardo ha seguido asistiendo a la iglesia durante los últimos diez años. Mi esposo admitió que su mala experiencia en la otra iglesia no debió haber sido excusa para no asistir a otra. También me pidió perdón por haberme hecho sentir mal debido a mi peso. Con el tiempo, después de mucha oración y de tomar una clase para superar el comer en exceso, bajé las libras extras que tenía. Durante esa temporada de mi vida también participé en un estudio bíblico titulado, «Señor, sana mis heridas» escrito por Kay Arthur. Dios, por medio de ese libro me ayudó a tener un mejor auto estima. Pude perdonar a Eduardo y no tener más resentimiento.

No conocía muy bien a Dios antes de los estudios bíblicos. Yo era la que más hacía preguntas en el grupo. Mis nuevas amigas y mi líder me enseñaron con mucho amor dónde encontrar las respuestas en la Biblia. Mi confianza en Dios no creció de la noche a la mañana, pero sí empecé a notar cambios en mi vida. En mi búsqueda descubrí la profundidad del amor de Dios. Ya no sentía tristeza o inseguridad como antes. ¡Me sentía feliz la mayoría del tiempo!

Más tarde empecé a pedirle a Dios que aumentara mi confianza y fe en Él. Comencé, poco a poco, a hacerme a un lado y dejar que fuera Dios Él que tomará el control de mi vida. Mis conversaciones con Dios, a través de la oración, aumentaron. En vez de tratar de componer mis situaciones difíciles, empecé a confiar más en Dios y recurrir a Él primero. Su amor y su presencia llegaron a ser más evidentes, sobre todo durante las pruebas.

LOS MILAGROS

Eduardo solía pensar que no deberíamos «molestar» a Dios orando por cosas pequeñas o insignificantes cuando hay problemas más grandes que resolver en el mundo. Le aseguré que Dios se deleita en escucharnos en todo momento. Como padres, nos encanta cuando nuestros hijos vienen a nosotros en busca de ayuda, aún cuando es algo pequeño. Cuando era niña, le decía a mi mamá que no había pedido su ayuda porque no quería molestarla. Su respuesta era: «No es ninguna molestia. Me hubiera gustado ayudarte». Así es también con nuestro Padre Celestial. Él quiere ayudarnos.

Dios ha hecho muchos milagros en mi vida y en las vidas de personas que conozco. Los milagros me han revelado su gloria. Cada vez que pido algo en oración me gusta ser específica en mis peticiones, pero siempre quiero la voluntad de Dios, ya que Él sabe qué es lo mejor para mí.

Uno de esos milagros ocurrió cuando mi esposo y yo planeábamos comprar una casa. Tuvimos nuestro segundo hijo y necesitábamos una casa más espaciosa. A mediados de los años 80s, hubo una gran demanda de compra de casas en nuestra región, y por lo tanto mucha competencia entre los compradores que querían adquirir una. Tal era la situación que las personas que deseaban comprar una casa, acampaban dentro de sus vehículos, estacionándose afuera de las casas modelos, para ser los primeros en línea y así tener mejor oportunidad de escoger una de ellas. Una noche, Eduardo también acampó y durmió en su vehículo para no perder su lugar en la línea.

A pesar de que le pedí a Dios específicamente que nos ayudara a obtener una de esas casas, la institución financiera no aprobó nuestra solicitud. Para calificar, requerían que vendiéramos nuestro condominio de entonces, el cual queríamos retener como inversión. La otra sugerencia fue que yo regresara a trabajar. No nos gustó la segunda opción, ya que nuestro bebé solo tenía tres meses de edad.

Esa tarde, sentada en el sofá le pregunté a Dios por qué no nos permitió obtener esa casa. Luego entró este pensamiento en mi mente, «No les dieron esa casa porque tengo algo mejor para ustedes». Emocionadamente le dije a Eduardo que Dios me había dicho que Él tenía algo mejor para nosotros.

Al día siguiente fuimos a visitar al oficial de crédito inmobiliario de la institución financiera quien nos dijo: «Siento mucho de que no hayan calificado, pero si se apresuran en poner su condominio en venta, tienen oportunidad de comprar una casa nueva. Una compañía va a construir un bloque de viviendas más grandes y cerca de las colinas. Ustedes pueden ser los primeros en línea, ya que esta información no ha salido al público todavía». Nos dijo que no tendríamos que acampar en esta ocasión, solo necesitábamos llegar temprano. Yo creo que Dios tocó el corazón de ese hombre para darnos esa información tan valiosa. Pudimos aplicar para una de esas casas que era mucho más grande y más bonita.

Sin embargo, hubo otro obstáculo. El nuevo agente de bienes y raíces nos explicó que los pagos eran un poco altos debido a la alta tasa de interés y tendríamos que conseguir a alguien más que firmara con nosotros en el título de la propiedad para poder calificar. Recurrí a mi Padre Celestial y le dije: «Querido Dios, si ésta es la casa que Tú tienes para nosotros, ¿Podrías por favor bajar la tasa de interés?» Dos días después visitamos al oficial de la institución financiera, quien nos dijo: «No van a creer esto... pero el interés bajó, y ahora califican sin la otra firma». Mi respuesta fue: «Lo creo, pues oré al respecto». ¡No hubo duda de que Dios nos había ayudado a obtener la casa de nuestros sueños!

Dios me sorprendió en otra ocasión cuando mi hijo menor estaba en la escuela primaria. Era el fin del año escolar, y él había perdido uno de los libros de la escuela. La biblioteca de la escuela envió una nota diciendo que la multa sería $60 dólares si no lo devolvíamos. Después de mucho buscar por toda la casa, me fui a mi habitación y me senté al borde de mi cama. Oré: «Querido Dios, por favor ayúdame a encontrar ese libro. Esos sesenta dólares podrían ser utilizados en zapatos para mis hijos o compras de comida». Después, en mis pensamientos, escuché: «Busca debajo de la cama». La conversación en mi mente con Dios, fue así: «¿Debajo de la cama? Señor, mi hijo nunca viene a este cuarto a hacer su tarea. Éste sería el último lugar donde el libro podría estar». Continué orando, y una vez más escuché en mis pensamientos: «Busca debajo de la cama», y después, una tercera vez. El pensamiento era tan persistente que le respondí a Dios: «Está bien, Señor, yo no creo que esté allí, pero voy a buscar debajo de la cama». Concluí mi oración en el nombre de Jesús, me arrodillé para poder ver, y allí estaba. ¡El libro estaba debajo de la cama!

Di gracias a Dios y me impresionó cómo Él había respondido a mi oración. Dios me ha enseñado a no perder el tiempo tratando de resolver mis propios problemas —ya sean grandes o pequeños, y más bien venir corriendo hacia Él en busca de su ayuda, lo cual me ha ahorrado mucho tiempo y estrés a través de los años.

Mis amigas de estudio bíblico también han aprendido a recurrir a Dios con sus peticiones. En una ocasión, una de mis amigas había perdido un papel que contenía una receta de comida. Buscó por todas partes, y luego se acordó de lo que yo había compartido en el grupo acerca del poder de la oración, y cómo Dios nos ayuda. Ella entonces decidió orar: «Señor, esto no es un problema grande, pero por favor ayúdame a encontrar esa receta. En el nombre de Jesús, amén». Terminó de decir su oración y cuando abrió sus ojos, vio un trozo de papel amarillo que sobresalía entre los otros papeles en una de las mesas pequeñas. ¡Era su receta! ¡Gloria a Dios!

Ahora bien, no todas las respuestas son contestadas así tan rápido o son exactamente lo que pedimos. Otras veces tuve que esperar muchos años para que Dios contestara mis oraciones. En ciertas peticiones la respuesta fue no, al igual que un padre le dice no a su hijo pequeño que le pide las llaves del coche para conducir. Mi Padre Celestial me ha enseñado a aceptar su voluntad soberana y aceptar su decisión divina. Él siempre sabe lo que hace, cómo lo hace y cuándo hacerlo. ¡Amén!

1. *¿Qué dice 1 Pedro 5:7 que debemos hacer cuando estamos ansiosos, y qué nos revela acerca de Dios?*

2. *La versión en inglés usa la palabra «lanzar» en vez de «poner». Busca la palabra «lanzar» en el diccionario y escribe aquí la definición.*

Ahora en vez de sentirme ansiosa, le doy gracias a Dios por recordarme de que no tengo que llevar cargas. Él quiere que las lance con fuerzas y me desprenda completamente de ellas. Dios quiere que yo se las entregue.

3. Lee Mateo 11:28-30. Explica lo que este pasaje significa para ti.

4. ¿Qué nos dice Filipenses 4:6-7 qué no debemos hacer y qué hacer en vez?

Este versículo está puesto en mi refrigerador para recordarme que Jesús no quiere que yo esté ansiosa. Fui muchas veces al hospital con dolor en el pecho y falta de respiración, creyendo que era un ataque al corazón. Cada vez me decían los doctores que era ansiedad. Decidí dejar de gastar tanto dinero en mis visitas a la sala de emergencia y no dejar que pensamientos ansiosos se apoderaran de mí. Dios sigue enseñándome a confiar en Él y a estar en paz. Jesús es el único que puede llevar todas nuestras cargas.

Mi amor por Jesús

5. De acuerdo a 1 Tesalonicenses 5:16-18, ¿Cuándo debemos de orar? ¿Le pides a Dios que te ayude solo cuando tienes problemas grandes en tu vida o te sientes con la confianza también de pedirle por las cosas pequeñas?

MÁS MILAGROS

Una vez, mi esposo regresó a casa después de un viaje de negocios. Yo estaba en Texas, con nuestros dos hijos, esperando que él se reuniera con nosotros al día siguiente para disfrutar unas vacaciones. Eduardo me llamó esa noche por teléfono para decirme que había perdido su anillo de bodas. Me puse triste pero le dije que iba a orar para que el anillo apareciera. A la mañana siguiente, cuando mi esposo estaba poniéndose sus zapatos, sintió algo dentro del zapato. ¡Era su anillo de bodas!

Durante ese mismo viaje por carro hacia Texas, antes de reunirme con mi esposo, mis hijos y yo presenciamos la ayuda de Dios de una manera poderosa. Mientras conducía en la carretera se desató una tormenta bien fuerte. Fue como si una nube blanca hubiera devorado al coche. No podía ver los otros vehículos alrededor—absolutamente nada.

Oré al conducir mi carro al lado de la carretera, sin saber si había alguien detrás de mí o si un precipicio estaba al lado de nosotros. Con mucho miedo agarré el volante firmemente y le pedí a Dios que nos protegiera. Cuando detuve mi coche, hice otra oración con mis hijos, y le pedí a Dios que por favor parara la tormenta, «Querido Dios, por favor ayúdanos a regresar a la carretera pronto. No queremos estar estancados aquí por mucho tiempo. Por favor haz que deje de llover. Te lo pido en el nombre de Jesús, amén». Tan pronto como dije «amén», dejó de llover. Ni siquiera goteaba, fue como si alguien hubiera cerrado un grifo (llave de agua). Mi hijo mayor me miró con los ojos bien abiertos y contento exclamó: «¡Hurra, Dios!» Yo dije, «¡Gracias, Señor!» Dimos gracias a

Dios y regresamos a la carretera cantando y alabando a Dios. Ese día aprendí que la oración puede a veces ser poderosa e inmediata.

¿Y tus milagros? ¿Alguna vez has experimentado paz interna en medio de una tormenta? ¿Has sentido el gentil consuelo de Dios en tiempos difíciles? ¿Has recibido la ayuda de Dios cuando menos te lo esperabas?

6. **Comparte un milagro (ya sea grande o pequeño) que tú o alguien a quien tú conozcas haya tenido.**

Dios me permitió ser testigo de su poder, cuando mi padre fue diagnosticado con cáncer en el estómago. Cuando mi mamá me dio la mala noticia por teléfono, no la acepté. Yo simplemente no sentí que ese cáncer iba a ser letal. Oré: «Señor, yo sé lo mucho que mi papá te ama, pero tengo una petición egoísta, te pido que mi papá permanezca más tiempo en esta tierra. Es una oración egoísta porque sé que mi papá estaría mucho mejor contigo, pero Señor lo quiero tanto y echaría de menos su gran sonrisa. Mi mamá y todos nosotros lo necesitamos, sánalo por favor».

Mi familia y yo tuvimos mucha paz el día que mi padre ingresó al hospital. El pastor y los líderes de nuestra iglesia vinieron a orar por él. A la mañana siguiente llamé a mi padre al hospital. La cirugía había salido bien. Los médicos extrajeron una pequeña parte de su estómago y uno de sus riñones y de esta manera todas las células cancerosas fueron extraídas. No necesitó quimioterapia.

¡Dios es maravilloso! Él me ha enseñado a orar en toda ocasión. Me ha mostrado su gran poder y cuidado. Mi amor hacia Dios no depende de que Él me dé lo que le pido. A través de muchos años de estudio de la Palabra de Dios, he llegado a confiar en su voluntad y a aceptar su soberanía.

Por ejemplo, yo padezco mucho de dolor crónico en mis músculos, espalda y cuello. Constantemente le pido a Dios que me sane. Casi todos los días tengo dolor. Algunos días son mejores que otros. Cuando yo tenía veinte años dejé de creer en Dios porque no contestaba mi oración. Sin embargo, aprendí mi lección. Ahora le digo a Dios: «Que se haga tu voluntad en mi vida. Aunque digas que no, de igual manera te amo, Señor».

7. *¿Qué vino Jesús a ofrecernos? Lee Juan 4:13-14 y 10:9-11.*

En cuanto más me acerco a Dios, más comprendo lo que significa tener la vida plena que Él vino a darnos. El mundo ofrece otros placeres que nos pueden agradar temporalmente, pero al final nos dejan vacíos. Jesús nos prometió que no tendríamos hambre o sed espiritual si venimos a Él.

8. *¿Qué clase de amor quiere Dios de nuestra parte? Lee Marcos 12:33 y explica la clase de sacrificio que le agrada a Dios.*

9. *Hoy en día no ofrecemos sacrificios como en los tiempos del Antiguo Testamento, pero ¿Qué dice la Biblia acerca del verdadero ayuno según Isaías 58:1-11? Enumera también las recompensas mencionadas en los versículos 10 y 11.*

Dios no quiere sacrificios de la carne, sino sacrificios del corazón. Él prefiere que lo amemos con todo nuestro corazón y que nos amemos unos a otros. Dios quiere ese tipo de ayuno y devoción.

10. *Lee Deuteronomio 6:5-7. ¿Cuál es el mandamiento dado en el versículo 5, y qué debemos hacer con los mandamientos de Dios de acuerdo a los versículos 6 y 7?*

ORACIÓN

Amado Señor, gracias porque Tú eres el Dios de lo imposible. Gracias por demostrarme tu gran amor y por responder a mis oraciones. Por favor, continúa enseñándome a aceptar tu preciosa voluntad. Te lo pido en el nombre de tu Hijo, Jesús. Amén.

VERSÍCULO DE MEMORIZACIÓN

Pues nada es imposible para Dios. ~ Lucas 1:37

CAPÍTULO SEIS

¡SOLO PÍDELE!

«Así que les digo, sigan pidiendo y recibirán lo que piden; sigan buscando y encontrarán; sigan llamando, y la puerta se les abrirá. Pues todo el que pide, recibe; todo el que busca, encuentra; y a todo el que llama, se le abrirá la puerta».
~ Lucas 11:9-10

«Querido Padre Celestial, ayúdame a tener un hambre espiritual de leer tu Santa Palabra». Esta expresión salió de mis labios un día mientras oraba, y me sorprendí, pues me era difícil mantener la atención en leer un libro que consiste solo de palabras y sin ilustraciones. La lectura no era mi mayor atracción en ese tiempo. Seis meses después decidí leer la Biblia entera. Ya se me había olvidado la oración que había hecho cuando le había pedido a Dios que me diera el deseo de leer su Escritura, pero el Espíritu Santo me lo recordó. Dios despertó en mí el deseo de saber más acerca de su Palabra Divina.

Previamente yo había participado en estudios bíblicos en los cuales leí doce de los libros de la Biblia. Las instructoras de esos estudios me enseñaron cómo leer, analizar, entender, e interpretar los pasajes, personas, historias, contexto, y significado espiritual. Es muy importante que al leer las Santas Escrituras tomes en cuenta lo siguiente:

- ¿Quién escribió ese libro de la Biblia?
- ¿Quién habla en ese pasaje?
- ¿Dónde y cuándo fueron los acontecimientos?
- ¿Para qué grupo de personas fueron escritos?
- ¿Cuál era la cultura de esos tiempos?

Es importante también prestar atención a palabras que son repetidas en ciertos pasajes, las cuales podrían indicar algún mensaje central.

A través de los meses, la Palabra de Dios empezó a cobrar vida cuando subrayaba los versículos que parecían dirigirse directamente hacia mi corazón. Le pedí a Dios que me diera sabiduría para entender su Palabra. Cada vez que tenía preguntas acerca de ciertos pasajes, le preguntaba a mis pastores y a mentores cristianos que me ayudaran a encontrar la repuesta. Me tomó dos años leer toda la Biblia, pues no tenía prisa en terminarla rápido. A veces, solo tenía tiempo de leer por cinco minutos.

Al ir leyendo la Palabra de Dios, empecé a descubrir respuestas a las preguntas difíciles de esta vida. Poco a poco me fui acercando más a Dios. Gradualmente, empecé a confiar en su voluntad perfecta en mi vida y en la de mis seres queridos.

Ahora te pregunto ¿Cómo puedes llegar a amar a Dios con todo tu corazón, y no solo con una parte de tu corazón? Aquí está la respuesta... ¿Estás listo? ¡Solo pídeselo! Es un simple pero profundo acto el dejarle saber a Dios tu deseo de amarle más cada día. Eso es lo que he estado haciendo continuamente por años y he notado que mis deseos de leer su Palabra, orar y alabar han ido aumentando constantemente al pasar del tiempo.

Toda la amargura y resentimiento que yo tenía hacia Dios se fueron desvaneciendo a medida en que mi entendimiento de la Palabra de Dios fue aumentando, y realicé su gran amor por mí. La transformación que Él hizo en mi vida fue tan impactante que una vez le dije a Dios: «Señor, Tú lo eres todo para mí. Quiero conocerte más y amarte más cada día, sin reservas, eres todo lo que yo deseo. ¿Cómo no adorarte con todas mis fuerzas cuando Tú lo diste todo por mí? Úsame como Tú quieras. Ayúdame a ser tu instrumento para poder compartir tu verdad y gran amor con los demás. Te lo pido en el nombre de tu Hijo, Jesús. Amén».

Dios se convirtió en mi prioridad número uno. En unas de mis oraciones, le dije al Señor que ya no deseaba bienes materiales o riquezas, sino que lo que más quería era su presencia en mi vida. A través de los años Dios me ha dado una vida llena de pasión, propósito, amor, alegría y paz. En lugar de depresión, Dios me dio gozo y vida en abundancia en Él.

Entonces, ¿cómo podemos obtener una vida abundante? Simplemente pidiéndoselo a Dios. En este libro encontrarás mi testimonio y algunas de mis experiencias personales. Quiero que veas cómo Dios es capaz de restaurarnos y darnos una vida plena cuando lo buscamos de todo corazón.

1. ¿Qué dice Jesús que debemos hacer en Lucas 11:9-10?

2. Según la parábola que se encuentra en Lucas 18:1-8, ¿Cuántas veces podemos seguir pidiéndole a Dios la misma petición?

La respuesta se encuentra en el versículo uno. Jesús les dijo a sus discípulos que debían de orar en todo momento, y nunca darse por vencidos.

Yo pasé muchos años orando para que mi esposo viniera a la iglesia conmigo. Le suplicaba a Dios la misma petición una y otra vez, hasta que un día le dije: «Señor, he estado haciendo esta petición durante tantos años que probablemente ya estás cansado de escucharme repetir la misma oración. Ya no voy a seguir pidiéndote lo mismo, solo voy a esperar y a confiar en Ti». Pasaron un par de semanas, pero todavía tenía la urgencia en mi corazón de continuar intercediendo por mi esposo. Yo sabía que Dios quería que yo continuara orando por él. La parábola de la viuda persistente me confirmó que yo no estaba siendo una molestia para Dios y que no había nada malo en persistir.

Después de orar por veintidós años, mi esposo finalmente empezó a asistir a la iglesia. ¡Dios contestó mi oración! Durante esos largos años de espera yo me acerqué más a Jesús. La Santa Palabra de Dios y su gran amor me dieron las fuerzas que tanto necesitaba y desarrollaron en mí paciencia, perseverancia y un amor profundo hacia Él.

Si tú estás orando para que un ser querido venga a Dios o regrese a Él, persiste y nunca te rindas. Sigue orando—tu bendición puede estar a la vuelta de la esquina. Dios es fiel y te dará las fuerzas para seguir esperando. Él te concederá las peticiones de tu corazón mientras continuas deleitándote en Él.

¿Cuáles son tus necesidades espirituales? ¿Necesitas ayuda para controlar tu enojo? ¿Te falta sabiduría, paciencia, alegría, paz o la fuerza para resistir tentaciones? Puedes pedirle ayuda a Dios hasta que Él te fortalezca y conteste a través del poder de su Espíritu Santo.

3. ¿Qué debemos hacer si necesitamos sabiduría? Lee Santiago 1:5-7. ¿Cuál es la instrucción en el versículo 6?

4. ¿Quién nos da sabiduría? Lee Proverbios 2:6.

5. Lee Proverbios 3:13-15. ¿Qué declaran estos versículos acerca de la sabiduría?

6. ¿Quién le dio a Daniel, Ananías, Misael y Azarías, el conocimiento y entendimiento en todo tipo de literatura y sabiduría? Lee Daniel 1:17.

Dios les dio a estos hombres el conocimiento y la sabiduría que necesitaban. Si tú eres estudiante en alguna institución académica, puedes pedirle a Dios que te ayude a entender y comprender la materia de estudio requerida. Así también en tu lugar de trabajo puedes pedirle que te ayude a desempeñarte efectivamente en tu oficio. Recuerda que

Dios es omnisciente y Él lo sabe todo. Él está dispuesto a ayudarte si se lo pides en el nombre de su querido Hijo, Jesús.

Una tarde, llamé a mi esposo por teléfono a su trabajo, y su voz sonaba un poco diferente. Cuando le pregunté qué le pasaba, me dijo que estaba un poco frustrado tratando de resolver un problema matemático y que estaba bien ocupado. Le dije: «Voy a colgar y le voy a pedir a Dios que te ayude a encontrar la respuesta que necesitas». Oré en cuanto colgué. A los cinco minutos Eduardo me llamó.

«Has estado orando por mí, ¿verdad?»

«Sí. ¿Por qué?»

«Después de hablar contigo por teléfono, la solución a mi problema apareció justo ¡en frente de mis ojos!»

Eduardo ahora tiene más confianza en pedirle a su Padre, el Creador de todas las cosas, por su gran ayuda amorosa cuando lo necesita.

7. *¿Quién le enseñó a Pablo a estar contento en todas circunstancias y cómo pudo lograr esto? Lee Filipenses 4:11-13.*

La clave está en el versículo 13. Pablo declaró que podía hacer todas las cosas a través del poder de Cristo quien le daba la fortaleza.

8. *¿Quieres más paz en tu vida? ¿Quién es el Príncipe de Paz y qué tipo de paz nos da? Lee Isaías 9:6 y Juan 14:27.*

9. ¿Cómo hijos elegidos por Dios, como debemos de vestirnos? Lee Colosenses 3:12.

La impaciencia era una de mis más grandes debilidades—lo es todavía pero en menor grado. Yo no quería que nada ni nadie me cambiaran mis planes. A veces las circunstancias de esta vida pueden ser un poco frustrantes. Como cuando se te descompone el carro en media carretera, el tráfico está muy lento, cambio de planes a última hora debido a enfermedad o contratiempos—y una infinidad de cosas más.

Una de esas ocasiones fue el día de San Valentín cuando Eduardo y yo teníamos planes para salir a una cena romántica. Mi mamá había estado de acuerdo en cuidarnos a nuestro bebé que solo tenía once meses de edad. Yo ya estaba lista para mi cita especial y casi por salir de la casa cuando sonó el teléfono. Era mi mamá diciéndome que no se sentía bien y por lo tanto no iba a poder cuidarnos al niño. Inmediatamente, comencé a llamar a otros familiares para ver quién podía cuidarlo, pero todos estaban ocupados.

Yo traía puesto un vestido muy lindo. Ya estaba maquillada y había pasado mucho tiempo arreglándome el cabello y ahora mis planes de salir se habían arruinado. Eduardo sugirió que celebráramos una noche diferente. Mi respuesta fue: «No, no es lo mismo. Tiene que ser el propio Día de San Valentín, además yo ya estoy lista para salir» de tal manera que terminamos trayéndonos al bebé con nosotros.

Estábamos a punto de empezar a disfrutar nuestra cena cuando nuestro bebé empezó a llorar y a sentirse mal. Tenía los ojos lagrimosos, obviamente incómodo, y de repente con síntomas de catarro. Tratamos de calmarlo con galletitas, sopa y juguetes para que dejara de llorar, pero nada funcionó. Ciertas personas nos echaron «miradas» de desapruebo. No los culpé pues ellos también querían disfrutar de su noche romántica. Era invierno, así que no pudimos sacar a nuestro bebé afuera del restaurante. Me llevé a mi bebé al baño paseándolo en mis brazos mientras mi esposo comía su platillo especial. Luego fue mi turno de comer, mientras Eduardo arrullaba a nuestro hijito en sus brazos en el baño de caballeros. No fue la cena de San Valentín romántica que yo había imaginado por varias semanas, más bien salí del restaurante en lágrimas.

Esa noche fue una gran lección en aprender a ser paciente la próxima vez y no forzar las cosas. A partir de entonces, decidí ser más flexible y comprender cómo reaccionar cuando los planes no salen a mi manera. Hoy en día, cuando tengo un día ocupado en mi calendario y surgen problemas inesperados, amorosamente le pregunto a Dios: «¿Qué planes tienes para mí en este día, Señor? Yo tenía 'mi horario,' pero ahora Tú estás a cargo de mi vida y tienes todo el control de mi día». Pídele a Dios con toda confianza que te fortalezca en tus debilidades. Espero que tú estés dispuesto a dejar que Él te ayude en tu vida diaria.

10. Volviendo al tema de pedir... si quieres más amor en tu vida, lee Juan 15:13. ¿Cuál es el amor más grande que existe en el mundo?

11. ¿Cómo te hace sentir el saber que Jesús dio su vida por ti?

12. ¿Por qué a veces no recibimos lo que pedimos? Lee Juan 16:23-24 y Santiago 4:3.

A veces, Dios no nos da lo que pedimos, porque Él sabe que no va a ser lo mejor para nosotros o que no es el tiempo apropiado. Por ejemplo, tú no le das a un niño todo lo que pide, si sabes que no va a ser para su bien. Como padres de familia, a veces tenemos que decirle que no a nuestros hijos para cuidarlos y protegerlos. Mis hijos no siempre estaban de acuerdo, desde su punto de vista yo era la mamá más cruel del mundo al no darles lo que me pedían. Cuando ellos crecieron y llegaron a madurar, entendieron que mis decisiones habían sido hechas por amor y para el propio bien de ellos. Dios nos conoce perfectamente, y Él sabe muy bien qué peticiones concedernos y cuándo es el momento más apropiado de hacerlo.

13. ¿Qué más tenemos que hacer para recibir el favor de Dios? Lee Hebreos 4:16.

El Señor siempre nos invita a acercarnos a su trono de gracia con nuestras peticiones. Él quiere que lo hagamos con toda la confianza del mundo. Si tú eres un hijo o una hija de Dios, el Señor te dará lo que necesitas, no necesariamente lo que le pides. Muchas veces Dios no me ha dado lo que le he pedido y al pasar del tiempo más bien le doy gracias que no lo haya hecho, pues sus planes siempre han sido muchísimo mejores que los míos.

Dos puntos muy importantes que yo he aprendido a través de los estudios de la Biblia han sido: En primer lugar, reconocer que Dios es soberano. Él es Dios y puede hacer lo que Él quiera. En segundo lugar es admitir que sus planes son siempre mejores que los míos, aun cuando a veces no los comprenda. El Señor dice en Isaías 55:9: «Mis caminos y mis pensamientos son más altos que los de ustedes; ¡más altos que los cielos sobre la tierra!» (NVI). Tráele a Dios todas tus peticiones con fe y plena confianza dejando todo el resultado en sus preciosas manos. Él conoce el futuro y nosotros no. Recuerda que por encima de todo, Dios te ama y está pendiente de ti. Él es soberano en sus decisiones pero también recuerda que cuentas con un Padre justo, lleno de amor y misericordia.

14. Escribe el Salmo 73:28 en este espacio.

15. ¿Cuál es el buen consejo que se nos da en Proverbios 3:5-6?

ORACIÓN

Señor, te doy muchas gracias porque no siempre me has dado lo que te he pedido, sino más bien lo que Tú sabes que es mejor para mí. Ayúdame a aceptar tu preciosa voluntad y a esperar en tu tiempo perfecto. Gracias porque quieres que venga a Ti con mis peticiones con plena confianza y seguridad. Una vez más te pido Señor, quiero más de tu presencia en mi vida. En el nombre de tu Hijo, Jesús, amén.

VERSÍCULO DE MEMORIZACIÓN

> «Así que les digo, sigan pidiendo y recibirán lo que piden; sigan buscando y encontrarán; sigan llamando, y la puerta se les abrirá. Pues todo el que pide, recibe; todo el que busca, encuentra; y a todo el que llama, se le abrirá la puerta». ~ Lucas 11:9-10

CAPÍTULO SIETE

DULCE OBEDIENCIA

Amar a Dios significa obedecer sus mandamientos, y sus mandamientos no son una carga difícil de llevar.
~ 1 Juan 5:3

Obedecer significa seguir órdenes. A muchos de nosotros no nos gusta tener que obedecer ciertas reglas o instrucciones. Desde que somos niños se nos enseña que debemos de obedecer a nuestros padres, aun cuando nuestro deseo tiende a ser lo contrario. Pero ya cuando somos adultos y tenemos hijos queremos que ellos obedezcan y sigan las instrucciones que les damos para su propio bienestar. No queremos que nuestros hijos nos mientan. De manera similar, deseamos que nuestro cónyuge nos sea siempre fiel. Nuestro Padre Celestial también desea que nosotros le seamos fieles y siempre digamos la verdad.

Dios, a través de su Santa Palabra, nos ha prometido bendecirnos cuando obedecemos sus mandamientos. Las bendiciones pueden ser materiales cuando Él provee para nosotros, o pueden ser espirituales, cuando nos bendice con su paz durante tiempos difíciles; o al darnos las fuerzas necesarias cuando nos sentimos débiles. Al reconocer y comprender que el obedecer a Dios nos puede traer toda clase de bendiciones, empezamos a entender que obedecerle es muy dulce y placentero.

1. ***Lee Deuteronomio 11:1 y Juan 14:15, 23. ¿Qué se nos instruye hacer y por qué?***

Jesús dijo en Juan 14:15: «Si me aman, obedezcan mis mandamientos». Él no nos dijo: «Si me amas, entonces te amaré». Recuerda que Romanos 5:8 dice: «Pero Dios mostró el gran amor que nos tiene al enviar a Cristo a morir por nosotros cuando todavía éramos pecadores».

Dulce obediencia

Yo creo que, si tu cónyuge realmente te ama, entonces va a querer serte fiel siempre y amarte con sinceridad. De igual manera si nosotros realmente amamos al Señor vamos a querer agradarlo y honrarlo todo el tiempo y con todo el corazón. Obedecer a Dios de esta manera viene a ser el resultado de nuestro amor sincero y agradecimiento hacia Él en vez de miedo y temor hacia Él.

2. *Lee Deuteronomio 6:24, 29:9 y Josué 1:8. ¿Cuáles fueron los mandatos dados a los israelitas y cuáles iban a ser los resultados por obedecerlos?*

3. *Lee Deuteronomio 28:1-14 y enumera las muchas bendiciones que Dios les prometió a los israelitas si obedecían.*

4. ¿Cuáles fueron las instrucciones dadas en el versículo 14, y por qué son importantes?

Los versículos del uno al trece nos explican las ricas bendiciones de parte de Dios para con nosotros como resultado de obedecer sus mandatos. Sin embargo, el versículo catorce comienza con la palabra «No...» Es una palabra de precaución. Yo me imagino como si fueran grandes cartelones con letras grandísimas y bien marcadas que dicen: «NO ENTRAR», «PELIGRO» o «NO CRUZAR». De igual manera nosotros debemos prestar atención a las advertencias que Dios nos ha dado para que nos vaya bien en esta vida.

5. *El pasaje titulado, «Las bendiciones de la obediencia» es seguido por «Maldiciones por la desobediencia» en Deuteronomio 28:15-68. ¡Qué contraste! No tienes que leer todos los versículos, pero sí enfócate en los versículos 15-19 y 38-42. Enumera algunas de las bendiciones como resultado de la obediencia y las maldiciones mencionadas debido a la desobediencia.*

Desafortunadamente, el pueblo de Israel no obedeció y se cumplieron esas maldiciones. Me entristeció leer que a pesar de muchas advertencias y precauciones, los israelitas decidieron no obedecer a Dios. Me dolió leer en la Biblia las cosas desastrosas y terribles que tuvieron que pasar ellos al no seguir las indicaciones que Dios les había dado, sobre todo después de tanto haberlos prevenido de las malas consecuencias que vendrían.

A pesar de que esos versículos fueron dirigidos directamente hacia al pueblo de Israel, yo veo cómo a veces nosotros también hemos desobedecido a Dios e ignorado sus mandamientos. Hemos hecho las cosas a nuestra manera y como resultado sufrimos consecuencias terribles por no obedecer. Le doy gracias a Dios de que como creyentes, ya no estamos bajo la ley sino bajo la gracia y misericordia de Dios, pues todavía fallamos y somos débiles. Jesús tuvo que pagar por todos nuestros pecados. Ahora, como hijos de Dios, lo amamos y queremos obedecerle porque Él nos salvó de la condenación eterna al dar su vida a cambio de la nuestra.

Dios quiere bendecirnos, no maldecirnos; lo repito: quiere bendecirnos. Y porque nuestro Padre Celestial nos ama tanto, a veces le es necesario disciplinarnos.

6. *Lee Hebreos 12:10. ¿Por qué a veces Dios tiene que disciplinarnos?*

Sufriremos consecuencias dolorosas si desobedecemos los mandamientos de Dios. Un buen padre disciplina a su hijo con amor cuando es necesario. Las personas que no siguen las leyes de Dios a veces terminan en situaciones terribles. Los trabajos, la familia, la prosperidad e incluso la salud se pierden a causa de haber tomado malas decisiones. Algunos destruyen sus cuerpos y relaciones personales debido a decisiones que van en contra de lo que Dios quiere para nosotros.

Ahora bien, no todas las cosas malas que suceden en el mundo son resultado de la desobediencia. A veces es debido a desastres naturales o situaciones que están fuera de nuestro control, aun cuando vivimos en obediencia. En otras circunstancias, Dios permite que pasemos una prueba para refinarnos y pulirnos con el propósito de crecer y madurar más en Él. Sin embargo, en la naturaleza humana nuestra tendencia es desobedecer. Los siguientes escenarios son ejemplos de lo que a veces sucede cuando tratas con niños, jóvenes y adultos también: «Por favor, ponte una chaqueta; hace frío afuera». El niño responde: «¡No!» Se lo dices otra vez, pero él te contesta, «No quiero» o «¡No la necesito!» ¿Qué pasa con los adolescentes a los que les recuerdas que se pongan el cinturón de seguridad cuando vayan adentro de un vehículo? Ellos dicen: «No es necesario, de todas maneras voy cerca de mi casa y no me va a pasar nada». O solo se ponen el cinturón de seguridad cuando tú estás con ellos en el carro.

La lógica y las estadísticas nos dicen que el uso de un cinturón de seguridad aumenta nuestras posibilidades de sobrevivir un accidente automovilístico, y usar una chaqueta nos mantiene calientitos y confortables. Aconsejamos a nuestros seres queridos para cuidarlos, queremos que se sientan cómodos y protegidos. Así es nuestro amoroso Padre Celestial con nosotros. Sus mandamientos son para nuestra protección y cuidado.

Es frustrante cuando a veces queremos ayudar a nuestros seres queridos y ellos continúan rechazando nuestros consejos. A veces nosotros hacemos lo mismo con Dios, rechazando sus buenas advertencias. Entonces, ¿Qué podemos hacer? ¿Cómo podemos obedecer a nuestro Padre Celestial de todo corazón? Leamos la Palabra de Dios para encontrar las respuestas, y ver cómo ciertos personajes en la Biblia llegaron a deleitarse en los mandamientos de nuestro Señor.

7. *¿Cómo describe David los mandamientos de Dios en el Salmo 19:8?*

8. **Busca la palabra «mandato» en tu diccionario. ¿Quién es tu autoridad suprema?**

9. **¿Qué dijo Job acerca de los mandatos de Dios en Job 23:12 y cómo podemos seguir su ejemplo?**

10. **¿Cuáles son las instrucciones dadas en Levítico 19:37?**

El Señor dice: «Asegúrate de obedecer todos mis decretos y mis ordenanzas...» No solo algunos de ellos—absolutamente todos.

11. ¿Cómo expresó Pablo su lucha por tratar de hacer lo bueno? ¿Es fácil seguir los mandamientos de Dios? Lee Romanos 7:15-25.

12. ¿Te cuesta mucho serle obediente a Dios? Comparte tus propias frustraciones en este aspecto.

Obedecer a Dios puede ser una gran lucha interna. Y a veces imposible de lograr cuando tratas de depender de tus propios esfuerzos. Dios siempre está dispuesto a darnos su ayuda para poder resistir las tentaciones de este mundo cuando se lo pedimos. Nosotros no estamos solos en la batalla, y la oración es el camino que nos llevará a la victoria. En este mundo a veces pareciera que estuviéramos nadando en contra de la corriente. Sin embargo, entre más luchemos por hacer el bien a través del poder del Espíritu Santo, quien vive dentro de nosotros, lograremos salir adelante y vencer al mundo.

Cuando yo era nueva en mi grupo de estudio bíblico, no estaba consciente de las tentaciones que giraban a mi alrededor, ni del enemigo que constantemente me acechaba para destruirme. Muchas veces fallé y tropecé cuando descuidé mi caminar con Dios al haber bajado la guardia y alejarme del Único que siempre está dispuesto a defenderme y a protegerme. Los resultados de esas fallas no fueron placenteros, ni tampoco los sentimientos de vergüenza y culpabilidad que sentía. Luego a través de los estudios bíblicos aprendí que Dios nos dejó armas muy especiales para poder defendernos y contrarrestar al enemigo. Descubriremos en la palabra de Dios cómo estar efectivamente preparados para luchar y enfrentar cada batalla. Vamos a estar listos y bien equipados para poder levantar nuestras armas con autoridad y luchar. ¡Sí, luchar! Pelear como todo un buen creyente que lucha contra las fuerzas del maligno en este mundo, podrás verte a ti mismo como todo un gran soldado valiente, o si eres mujer, como una gran princesa guerrera.

13. Lee Efesios 6:10-18.

    a. De acuerdo a los versículos 11 y 12 ¿Contra quién es la batalla?

    b. Según el versículo 13, ¿Cuándo debemos ponernos nuestra armadura?

    c. ¿Qué eres capaz de hacer, según el versículo 13b, cuando tienes tu armadura puesta en el momento preciso?

d. **Enumera todas las partes de la armadura y sus funciones específicas en los versículos 14-17.**

e. **¿Qué arma menciona el versículo 18, y con qué frecuencia debemos usarla?**

Pablo nos dice, en el versículo diez, que el Señor nos ayuda a ser fuertes a través de su magnífico poder. Ésta es la clave para ganar las batallas espirituales. Con la ayuda de Dios, podemos estar preparados a vivir una vida que le agrade a Dios. No solamente porque tengamos que ser obedientes, pero que también podamos aprender a amar las preciosas leyes de Dios.

El pasar más tiempo con Jesús nos ayuda a resistir las tentaciones de este mundo. Y si le pides ayuda a Dios al orar al respecto, Él eliminará esas tentaciones, y te ayudará a deleitarte en sus mandatos de amor. Su Palabra te mantendrá lejos de todo peligro y te ayudará a no meterte en más problemas al igual que salir de ellos. Él te equipará para ganar y triunfar en las batallas difíciles.

14. A continuación escribe 1 Juan 5:2-4.

15. Lee el Salmo 1:1-3.

   a. *Según los versículos 1 y 2, ¿Qué tipo de hombre es bendecido por Dios?*

   b. *¿Cuáles son los resultados de deleitarnos en la ley del Señor, según el versículo 3?*

Bienaventurado el hombre que se deleita en la ley del Señor. Éste es un buen momento para hacer una pausa y darle gracias a tu Padre Celestial por su amor y gran protección. Puedes pedirle perdón por todas las veces que le has sido desobediente. Acepta y recibe su perdón total. Cuando Dios nos perdona, ¡es como que si nunca hubiéramos pecado! Pídele en el nombre de Jesús que te ayude a deleitarte en sus maravillosos mandamientos en vez de verlos como una carga.

Salmo 32:1-2 dice: «¡Oh, qué alegría para aquellos a quienes se les perdona la desobediencia, a quienes se les cubre su pecado! Sí, ¡qué alegría para aquellos a quienes el Señor les borró la culpa de su cuenta, los que llevan una vida de total transparencia!»

16. *¿Qué dice el Salmo 19:7 acerca de los decretos de Dios?*

17. Busca la palabra « reavivar « en tu diccionario y anótala aquí.

Reavivar:

A pesar de que sé lo que significa «reavivar», la definición del diccionario siempre me ayuda a entender la palabra con más claridad.

Algunos de nosotros hemos leído acerca de los mandamientos de Dios con respecto al adulterio, la mentira, el robo, el asesinato, la embriaguez, la fornicación, el orgullo y la envidia. Un buen número de personas hubieran podido evitar la cárcel, los problemas y el sufrimiento si solo hubieran obedecido al Señor. Dios solo desea protegernos y cuidarnos. Piensa en una persona que le dice a un niño que debe de mirar a ambos lados antes de cruzar la calle. ¿Está siendo esa persona controladora y cruel al dar ese consejo o crees tú que lo está haciendo por amor a ese niño?

Si tú estás luchando en querer serle obediente a Dios, en cualquier área de tu vida, solamente pídele en el nombre de Jesús que te ayude. Pareciera una solución muy sencilla, pero la oración siempre debe ser el primer paso para dejar que sea Dios el que se encargue de tus problemas y darte la solución. Éste es un ejemplo de cómo usualmente yo oro en estos casos: «Querido Dios, aquí estoy de nuevo. Sé que quiero hacer lo que no te agrada y me es difícil renunciar este pensamiento, esta actitud, este pecado. Necesito tu ayuda, Señor. Por favor suaviza y cambia mi corazón. Ayúdame a superar esta situación y hacer lo que te agrada con tu santo poder. Te lo pido en el nombre de tu Hijo, Jesús, amén».

Yo me sorprendo cómo, a veces, el deseo de pecar desaparece inmediatamente. Y las veces cuando la repuesta no es así de inmediata, sigo orando durante el día hasta que la tentación se vaya por completo. Santiago 4:7 dice: «Así que sométanse a Dios. Resistan al diablo, y él huirá de ustedes» (Nueva Versión Internacional). No solo dice: «Resistan al diablo, y él huirá de ustedes». La primera parte es la más importante, «Sométanse a Dios». Enviamos al diablo y a sus demonios muy lejos cuando nos sometemos a la autoridad de Dios en la oración. ¡El Señor lucha por nosotros! Resistamos al enemigo con el santo poder de Dios. Él nos dará la victoria... día a día... momento a momento, y una batalla a la vez.

ORACIÓN

Amado Señor, perdóname por todas las veces que no he seguido tus valiosos mandamientos. Por favor, ayúdame a ser obediente. Recibo tu perdón completo. Es mi deseo honrarte y glorificar tu nombre todos los días de mi vida. En el nombre de Jesús, amén.

OPCIONAL

¿Quieres ser más fuerte en el área de la obediencia? Dedica más de tu tiempo para estar con el Señor. Ve a un lugar bonito y acogedor y lee detenidamente el Salmo 119 (los 176 versículos). Medita y deléitate en ellos, tal vez mientras tomas una taza de café o tu té preferido. Anota o subraya los versículos que parecen hablarle a tu corazón.

Comparte uno o dos versículos del Salmo 119 con tu grupo— así es como llegamos a ser más fuertes. Mi versículo favorito de este capítulo es el versículo veinticuatro: «Tus leyes me agradan; me dan sabios consejos».

VERSÍCULO DE MEMORIZACIÓN

> Amar a Dios significa obedecer sus mandamientos, y sus mandamientos no son una carga difícil de llevar.
> ~ Juan 5:3

CAPÍTULO OCHO

¿CÓMO PUEDO CONFIAR EN DIOS?

Confía en el Señor con todo tu corazón,
no dependas de tu propio entendimiento.
~ Proverbios 3:5

¿Qué significa la palabra confianza? ¿Cómo podemos aprender a confiar? Confiar según el diccionario es: 1. Plena seguridad en el carácter, habilidad, fuerza, o verdad de alguien o algo. 2. Uno en quien se coloca la confianza.

No es fácil confiar plenamente en alguien. Algunos de nosotros hemos sido traicionados por personas a quienes apreciábamos mucho. Para poder amar a Dios con todo nuestro corazón, mente y fuerza, tenemos que primeramente poder confiar en Él. ¿Cómo podemos amar o confiar en alguien que apenas conocemos?

Sabemos que toma tiempo poder confiar en alguien a quien acabamos de conocer o a un compañero nuevo de trabajo. La mayoría de nosotros no compartimos las cosas más profundas de nuestros corazones con alguien que no conocemos muy bien. Somos cautelosos en desarrollar nuevas amistades, especialmente con una persona que tiende a ser chismoso, ya que ese tipo de personas no inspira confianza.

1. *¿Alguna vez has sido traicionado por alguien en quien tú confiabas? No tienes que compartir los detalles de la situación, pero si es así, ¿Cuál fue tu reacción?*

2. *¿Podemos confiar plenamente en otras personas?*

3. Según Hebreos 12:2 ¿En quién deberíamos fijar nuestra mirada?

¿Te has sentido alguna vez desilusionado con Dios? Yo sí. Tú leíste anteriormente de que yo me rebelé contra Dios, porque Él no contestaba mi oración de que mi esposo viniera a la iglesia conmigo. Después de orar por dos años, sentí que a Dios no le importaban mis sentimientos. Mi confianza en Él se desvaneció cuando pensé que Dios era indiferente y distante a mi dolor. Yo le pedía a Dios los sábados por la noche que por favor le diera a mi esposo el deseo de venir a la iglesia. Al llegar el domingo mi corazón se entristecía nuevamente. Cada semana tenía la esperanza de que Dios contestara mi petición pero de nuevo me desilusionaba al ver que Eduardo se quedaba en casa viendo otro partido de fútbol en la televisión. Pasaron semanas y, luego meses que se convirtieron en años. *Tal vez la próxima semana, Dios me va a escuchar y me responderá. Tengo que ser paciente. Tengo que confiar en Dios...*

Un domingo en la iglesia, una amiga me preguntó: «Guadalupe, ¿Por qué no estás en el grupo de solteros?» Le enseñé mi anillo de boda, y sonriendo le dije: «¡Porque estoy casada!» Mis amistades notaban que yo asistía sola y suponían que era soltera. El notar el asiento desocupado a mi lado me hacía sentir aun más sola. Cada domingo tenía que enfrentar a ese espacio frío y vacío junto a mí.

Mi corazón se fue amargando con el tiempo. Desesperadamente le decía a Dios: «Señor, no te pido riquezas o cosas materiales, mi único deseo es que mi esposo asista a la iglesia conmigo. ¿Todavía cree él en Ti o ya perdió su fe? Me preocupa mucho que vaya a terminar en el infierno. Por favor, ayúdame, Señor... respóndeme». Si tú eres alguien quien asiste a la iglesia sin tu cónyuge, yo entiendo tu pesar y tristeza.

¿Qué fue lo que me hizo confiar nuevamente en Dios? No fue fácil, ni de la noche a la mañana. Empecé a dedicar más de mi tiempo a estudiar lo que la Biblia dice acerca de Dios. Con mucha cautela y, con la ayuda de mis amigas cristianas fui descubriendo la bondad del amor de Dios.

Cuando comencé a asistir a los estudios bíblicos, yo era la persona que más hacía preguntas. Mi grupo me demostró mucho amor y paciencia; nunca me hicieron sentir mal o ignorante. Me aceptaron con el amor de Cristo. Todavía, después de dos décadas, le doy gracias a Dios de que ellas no se cansaron de mí. Estoy agradecida sobre todo de que Dios fue paciente conmigo. Aunque todavía tenía muchas dudas y preguntas, mi confianza en Dios fue aumentando y creciendo poco a poco.

Cada vez que notaba el asiento vacío junto a mí en la iglesia, ya no pensaba que estaba desocupado, pues empecé a imaginarme que Jesús no solamente estaba dentro de mí sino también al lado mío. Yo ahora tenía un compañero confiable y sabía que ya no estaba sola. Era un pensamiento alentador. Isaías 54:5 dice: «Pues tu Creador será tu marido; ¡el Señor de los Ejércitos Celestiales es su nombre! Él es tu Redentor, el Santo de Israel, el Dios de toda la tierra». Un esposo es el que se supone se encargue de proveer por las necesidades de su esposa y, él que estará con ella hasta que la muerte los separe. Sin embargo, no siempre sucede de esa manera. Algunos abandonan a sus esposas para encontrar a otra persona. Otros están separados emocionalmente de sus esposas. Otros han fallecido. Si Jesús es el Señor de tu vida, Él no es solo tu novio, sino tu marido. Él se preocupa por ti y estará contigo para siempre. Si asistes a la iglesia a solas, ten en mente que Dios nunca te deja y su presencia estará siempre contigo.

¿Cómo podemos confiar en Dios cuando hemos sido decepcionados? El primer paso es estudiar y confiar en su Palabra, la Biblia, porque ahí es donde vamos a encontrar las respuestas. Dios se revela y nos habla a través de su Escritura.

4. ¿Qué dice 2 Timoteo 3:16-17 acerca de la Escritura de Dios?

5. ¿Abandonaría el Señor a los que ponen su confianza en Él? Lee el Salmo 9:10.

6. ¿En qué cosas confiaban ciertas personas, según el Salmo 20:7? Nombra en qué otras cosas, hoy en día, la gente pone su confianza en vez de ponerla en Dios.

El Rey David, un gran guerrero, escribió la mayor parte de los Salmos. Dirigió y luchó en muchas batallas militares. Él puso su confianza en el nombre del Señor, y no en sus armas, caballos o en sus carruajes. ¿Cómo desarrolló David su confianza en Dios? ¿Recuerdas al gigante Goliat, y a los animales salvajes con quienes él se enfrentó al principio?

7. Lee 1 Samuel 17:1-58. Crea una película en tu mente con escenas en vivos colores. La razón de las victorias de David se encuentra en los versículos 45-47. ¿En nombre de quién venció David a Goliat, según el versículo 45? ¿En quién estaba la confianza de David puesta, según el versículo 47?

8. **¿A quién le acreditó David su fuerza y poder? Lee los versículos 34-37.**

A través de muchas experiencias, Dios le enseñó a David a confiar en Él. David sabía que Dios lo había librado del león, del oso, del gigante, y de muchas otras batallas que pusieron su vida en peligro.

9. **¿Cuál es el resultado de los que ponen su confianza en el Señor Todopoderoso conforme al Salmo 84:12?**

10. **Escribe el Salmo 13:5 en este espacio.**

11. ¿Cumple Dios siempre sus promesas? ¿Cuál fue la promesa y la profecía en Miqueas 5:2 y cuál es el cumplimiento de esa promesa en Mateo 2:4-6?

12. ¿Qué le dijo Jesús a sus discípulos que le iba a suceder en Mateo 17:9? ¿Fue cierto? Lee Juan 2:22.

Estas profecías solo son dos de las centenares que fueron cumplidas de acuerdo a las Escrituras. Creemos por fe, pero no se puede descartar la gran evidencia que encuentras en innumerables pasajes de la Biblia que nos dan plena confianza en la Palabra de Dios.

Hace unos años, mi esposo y yo decidimos orar y confiar en Dios al enfrentarnos con una decisión importante en nuestras vidas. Eduardo quería cambiarse de su compañía de trabajo y que nos trasladáramos a otra ciudad. Yo oré: «Querido Dios, si este traslado es tu voluntad y plan para nosotros, entonces por favor revélanos lo que debemos hacer. Si es tu voluntad que nos traslademos, entonces que la transición sea tranquila y que todo salga bien y sin complicaciones». Todo cayó en su lugar tan rápido que no tuvimos duda de que Dios fue el que orquestó todo el cambio.

Yo no conocía a nadie en nuestra nueva ciudad, aparte de mi esposo y dos hijos. Fue difícil dejar atrás al resto de mi familia, y mi iglesia en la cual yo era muy activa. Después de un par de meses, mis quejas y reclamos a Dios empezaron. Escribí en mi diario de que no estaba satisfecha con los nuevos cambios. Pero al final de escribir en mi diario le pedí perdón a Dios por haberme quejado. Después de todo, nos habíamos mudado a un vecindario más atractivo y a una casa más grande y bonita. Decidí confiar en que Dios también nos encontraría una buena iglesia a la cual asistir.

Eduardo tuvo razón en cambiar de trabajo. Su compañía anterior fracasó a unos pocos meses después de mudarnos. Dios le ayudó a Eduardo a prosperar en su nueva compañía. Yo busqué trabajo, pero después de un año, el Señor me hizo saber muy claro que su plan era otro. El plan divino era que yo le sirviera con la organización llamada Stonecroft Ministries. Mi mayor deseo se convirtió en dar estudios bíblicos a varios grupos.

Nuestro traslado fue arriesgado y lleno de incertidumbre, pero decidimos poner nuestra confianza en Dios. Le pedimos su bendición y Él proveyó por todas nuestras necesidades.

¿Qué pasa cuando decides poner tu confianza en Dios y a cambio experimentas dolor, pérdidas, decepción y abandono? ¿Dónde está Dios? Admiro a las personas que a pesar de haber sufrido grandes pérdidas y situaciones difíciles rehusan abandonar su fe. Es fácil alabar a Dios cuando todo nos va bien, pero aquellos de ustedes que han atravesado varias adversidades y siguen firmemente confiando en Dios son los verdaderos campeones de la fe.

13. ¿Cuáles son las palabras de Jesús para ti en Juan 14:1?

Jesús quiere ser tu compañero fiel. ¿Confías en Él hoy? Si después de haber estudiado este capítulo aun te es difícil confiar en Jesús, es comprensible porque el desarrollo de tu fe puede tomar cierto tiempo. Puedes comenzar por pedirle que aumente tu confianza y fe en Él mientras continúas el estudio de su Palabra. Quizás estos pasos parecen muy simples pero ten plena confianza de que son efectivos. Yo soy testigo de ello y ¡Dios es fiel!

Concluyo este capítulo con una carta que escribí hace varios años, unos días antes del Día de San Valentín. Dios me inspiró a escribirla para animar a mis amigas que eran viudas o divorciadas. Ojalá te guste y traiga paz y amor a tu corazón.

¿QUIÉN ES EL MEJOR VALENTÍN?

¿Quién promete nunca dejarte o desampararte?

> No temas ni te desalientes, porque el propio Señor irá delante de ti. Él estará contigo; no te fallará ni te abandonará.
> ~ Deuteronomio 31:8

> Nadie podrá hacerte frente mientras vivas. Pues yo estaré contigo como estuve con Moisés. No te fallaré ni te abandonaré.
> ~ Josué 1:5

¿Quién te ama incondicionalmente, independientemente de tu forma, tamaño o color?

> Pero el Señor tu Dios se negó a escuchar a Balaam y convirtió esa maldición en bendición, porque el Señor tu Dios te ama.
> ~ Deuteronomio 23:5

> Ningún poder en las alturas ni en las profundidades, de hecho, nada en toda la creación podrá jamás separarnos del amor de Dios, que está revelado en Cristo Jesús nuestro Señor.~ Romanos 8:39

¿Quién escucha tus problemas y preocupaciones, como nadie más?

Luego dijo Jesús: «Vengan a mí todos los que están cansados y llevan cargas pesadas, y yo les daré descanso». ~ Mateo 11:28

¿Quién se deleita en ti?

Pues el Señor tu Dios vive en medio de ti. Él es un poderoso salvador. Se deleitará en ti con alegría. Con su amor calmará todos tus temores. Se gozará por ti con cantos de alegría. ~ Sofonías 3:17

Porque el Señor se deleita en su pueblo; Él corona al humilde con victoria. Porque el Señor ama a su pueblo y adorna los humildes con la salvación. ~ Salmo 149:4

¿Quién dice que va a ser tu marido y un padre para tus hijos?

Se asegura que los huérfanos y las viudas reciban justicia. Les demuestra amor a los extranjeros que viven en medio de ti y les da ropa y alimentos. ~ Deuteronomio 10:18

Pues tu Creador será tu marido; ¡el Señor de los Ejércitos Celestiales es su nombre! ~ Isaías 54:5

¿Quién es tu amigo fiel?

Pero tú, oh Señor, eres Dios de compasión y misericordia, lento para enojarse y lleno de amor inagotable y fidelidad. ~ Salmo 86:15

Si somos infieles, Él permanece fiel, pues Él no puede negar quién es. ~ 2 Timoteo 2:13

¿Quién nunca te desilusionará?

> Y esa esperanza no acabará en desilusión. Pues sabemos con cuánta ternura nos ama Dios, porque nos ha dado el Espíritu Santo para llenar nuestro corazón con su amor. ~ Romanos 5:5

Solo Jesús puede amarte como nadie más puede hacerlo. Él te ama tanto que Él dio su vida por ti. Él quiere pasar la eternidad contigo en el lugar que fue a prepararte.

No estás solo. Dios te ama. Tómate el tiempo de leer su carta de amor, su maravillosa Palabra. Toma una taza de café o té con Él. Habla con Él en oración y escucha lo que Él quiere decirte en tu corazón.

El primer mandamiento es amar a Dios con todo tu corazón, con toda tu alma y, con todas tus fuerzas. El segundo más grande es amar a tu prójimo como a ti mismo. Comparte el amor de Dios con tus amigos y vecinos en esta ocasión especial. ¡Que tengas un día maravilloso!

En su amor,

Guadalupe

ORACIÓN

Amado Señor, gracias por ser digno de confianza y por serme fiel. Ayúdame a confiar en Ti cada día más y más. En el nombre de Jesús, te lo pido. Amén.

VERSÍCULO DE MEMORIZACIÓN

> Confía en el Señor con todo tu corazón, no dependas de tu propio entendimiento. ~ Proverbios 3:5

CAPÍTULO NUEVE

¿ES DIOS BONDADOSO?

¡Oh Señor, eres tan bueno, estás tan dispuesto a perdonar, tan lleno de amor inagotable para los que piden tu ayuda! ~ Salmo 86:5

En este capítulo aprenderemos sobre la bondad de Dios y cómo llegar a desenmascarar al verdadero enemigo. Compararemos el plan que Dios tiene para nuestras vidas con los planes que tiene Satanás para nosotros. Si no estamos muy seguros que Dios quiere lo mejor en nuestras vidas, va a ser difícil amarlo y confiar en Él sin reservas.

Algunas personas no creen que Dios desea lo mejor para ellos porque han sufrido mucho debido a consecuencias del abuso y la maldad que existen en este mundo. Otros no pueden sentir su gran amor porque quizás sus oraciones no fueron contestadas como ellos lo esperaban. Algunos han sufrido la pérdida de un ser querido, y no entienden cómo un Dios amoroso puede permitirles pasar ese gran dolor. Hay muchas razones que pueden hacernos dudar... pero, me pregunto: ¿Por qué, generalmente, culpamos a Dios por tanto dolor en vez de culpar a Satanás? La muerte, la enfermedad, el pecado y el dolor entraron al mundo porque el diablo tentó a Eva con mentiras que la hicieron pecar y desobedecer a Dios.

La raza humana tiene un enemigo. Efesios 6:12 dice: «Pues no luchamos contra enemigos de carne y hueso, sino contra gobernadores malignos y autoridades del mundo invisible, contra fuerzas poderosas de este mundo tenebroso y contra espíritus malignos de los lugares celestiales». Vamos a estudiar las tácticas del enemigo para aprender cómo defendernos y lograr ganar la batalla.

1. Lee Juan 8:42-44 y haz una lista de las características del diablo.

La meta de Satanás es llenar nuestras mentes de mentiras. Él va a tratar una y otra vez de engañarnos acerca de la bondad y del amor que Dios tanto nos tiene.

¿Qué clase de mentiras te ha dicho Satanás a ti? ¿Te ha dicho que no vales nada? ¿Te ha hecho sentir inseguro o inferior? ¿Te dice que no eres digno del amor de Dios? Yo muchas veces caí en sus trampas y llegué a creer en todas esas clases de mentiras.

En el proceso de escribir este libro, pensé que debería dejar de escribirlo porque yo no era una buena escritora, y que no llegaría a ser un buen libro. Por unos segundos empecé a creer las mentiras del enemigo, y cuando me di cuenta de su influencia negativa inmediatamente dije en voz alta, «¡No es cierto! Este libro va a ser de bendición para mucha gente y, además, 'yo todo lo puedo en Cristo que me fortalece'» como dice Filipenses 4:13. El Espíritu Santo me ayudó a reconocer y a luchar en contra del padre de mentiras con la verdad que se encuentra en las Escrituras.

Pídele a Dios que te ayude a discernir los pensamientos que vienen a tu mente. ¿Son verdades basadas en la Palabra de Dios? ¿O son pensamientos plantados por el enemigo que quiere engañarte? Dile a Dios que proteja y guarde tu mente. Tú tienes la autoridad por medio de Cristo Jesús, y puedes echar afuera las mentiras cuando oras en el nombre de Jesús. Usa la verdad de la Palabra de Dios para atacar al enemigo. La Biblia es un arma que es extremadamente poderosa en contra de Satanás.

No nos asociemos con el padre de mentiras en ningún momento. Tú puedes leer en Juan 8:42-44 lo serio que es mentir. No hay tal cosa como «mentiritas» o «mentiras inofensivas». El día que yo aprendí en mi estudio bíblico que la mentira no es un pecado pequeño, sino algo que Dios aborrece, le pedí al Señor que me ayudara a siempre decir la verdad.

2. Lee Hechos 13:9-10. Enumera las características de un hijo del diablo.

3. De acuerdo a Santiago 3:14-16 ¿Quién es el responsable del engaño, fraude, mentiras y de todo lo malo?

La envidia y el egoísmo también provienen del diablo. La próxima vez que nos demos cuenta que estamos envidiando la casa, los zapatos o el matrimonio de alguien, pidámosle a Dios que nos quite esos pensamientos inmediatamente. Por favor, no lo tomes ligeramente. El primer asesinato mencionado en la Biblia fue el resultado de los celos de Caín en contra de su hermano, Abel. Si los celos y la envidia son algunas de tus debilidades, por favor, sigue orando por protección y fortaleza hasta que dejen de ser parte de tu vida.

Permíteme aclarar que si tú has recibido a Jesús como tu Salvador, eres un hijo de Dios y nada podrá separarte de su amor. Sin embargo, el enemigo sabe todas tus debilidades y seguirá tentándote. Mantente cerca de la Palabra de Dios y pídele al Señor que te ayude a resistir las tentaciones.

Dios me mostró, a través de su Espíritu Santo, cómo reconocer mis propios celos. Yo envidiaba a las mujeres lindas que salen en las portadas de las revistas. Yo no estaba consciente de ello, hasta que me di cuenta que solo compraba las revistas que mostraban celebridades que habían sido fotografiadas sin maquillaje. Yo quería que mi esposo notara que yo me veía mejor que esas otras mujeres cuando estaban sin maquillaje. A Eduardo no le interesaba ver las fotos, y él me dice cuánto me ama casi todos los días.

Entonces, ¿Qué me impulsaba a comprar esas revistas? Me sentía inferior al ver las caras bonitas en las portadas. Le confesé a Dios esta debilidad, y me di cuenta que esas mujeres son personas reales con sus propios problemas y empecé a orar por ellas.

Tengo algo más que confesar. Sentía celos cuando me enteraba que familiares o amistades tenían planeado ir de vacaciones porque yo quería ser la que salía de viaje. A través de la convicción del Espíritu Santo, supe que el enemigo me estaba derrotando en esa área de mi vida. Le pedí a Dios que me ayudara. Le dije que su amor era más importante para mí que cualquier tipo de vacaciones. Hoy en día me da mucha alegría cuando mis amigas van de vacaciones, pues me gusta verlas felices. ¡Solo el poder de Dios pudo transformarme así!

4. *¿Cuál es la intención de Satanás? Lee 1 Pedro 5:8.*

Imagínate a un león hambriento que quiere devorarte. La palabra devorar significa consumir vorazmente. Esta imagen debería ayudarnos a no caer en las manos de Satanás, nuestro enemigo más feroz.

5. *De acuerdo a 1 Juan 3:8, ¿A quién pertenecen los que siguen pecando? ¿Con qué propósito vino Jesús al mundo?*

6. *¿Cómo puedes reconocer a los hijos del diablo? Lee 1 Juan 3:10.*

Así es como podemos saber quiénes son los hijos del diablo: cualquiera que no hace lo que es correcto, lo cual indica que somos ¡todos nosotros! La diferencia es que los que somos creyentes tenemos un Redentor y Mediador a nuestro favor. A través de nuestra relación con Jesús, podemos pedirle que nos perdone. Somos lavados y hechos justos por su sangre preciosa. La ayuda del Espíritu Santo está a nuestra disposición veinticuatro horas al día y siete días a la semana. Él nos da las fuerzas a través de su Palabra, y por medio de la oración nos ayuda a ser obedientes y a resistir las influencias malignas.

7. *¿De acuerdo a Apocalipsis 2:10 quién iba a traer sufrimiento y persecución a los discípulos y seguidores de Jesús?*

8. *¿Quién es el que engaña al mundo entero? Lee Apocalipsis 12:9.*

9. *Según Apocalipsis 12:12, ¿Por qué habrá terror sobre la tierra y el mar?*

El diablo está furioso. Busqué la palabra «furia» en el diccionario para comprender esta verdad más a fondo, y descubrí que furia significa pasión violenta, especialmente la ira.

¿Es Dios bondadoso?

10. Lee Apocalipsis 20:1-3. ¿Según el versículo tres, cuál es la función del diablo?

El trabajo del diablo es engañar. Pero al final, va a ser lanzado al lago de fuego, como dice Apocalipsis 20:10 (NVI), «El diablo, que los había engañado, será arrojado al lago de fuego y azufre, donde también habrán sido arrojados la bestia y el falso profeta. Allí serán atormentados día y noche por los siglos de los siglos». En el último libro de la Biblia, Apocalipsis, sabemos que Satanás será atormentando por siempre.

Una amiga que es cristiana me dijo que ella estaba contenta de haber leído en un libro cristiano que el infierno no existe. Yo le advertí acerca de algunos libros que se dicen ser basados en doctrina cristiana, pero que realmente no lo son puesto que contradicen las Santas Escrituras. Es importante comprobar y solamente confiar en los libros que son recomendados por líderes cristianos reconocidos y maduros en su fe. Le señalé lo que dice la Palabra de Dios acerca del infierno. Primordialmente, la Biblia debe ser nuestro primer punto de referencia.

Mi papá una vez escuchó a un predicador decir que Satanás no existe. Mi padre se puso de pie y dijo: «Perdóneme hermano por interrumpir, pero lo que usted dice no es bíblico». El predicador siguió con su mismo punto. Después de unos minutos mi padre se levantó y se fue. ¡Bien hecho, papá! Tenemos que defender la verdad y no dejar que la gente nos engañe.

¿Cómo puede Dios ser visto como un Dios cruel cuando más bien vino a la tierra, en forma humana, a través de la persona de Jesucristo, a morir por nosotros? Jesús sufrió nuestro castigo para reconciliarnos con Dios, y de esta manera poder vivir eternamente con Él. Jesucristo, por medio de la resurrección, venció a la muerte. A través de su gran acto de sacrificio y amor, todos los que hemos creído en Él tenemos la victoria sobre Satanás. ¡Aleluya!

Una característica importante de Dios es su soberanía. Me encanta el libro de Job. Comenzando con el Capítulo 38, hay una conversación entre Job y Dios. Job perdió todo lo que tenía, a todos sus hijos, a sus amigos y hasta su salud. Sufrió dolor físico debido a las llagas en su piel y no podía dormir debido a pesadillas terribles. Job quería una explicación de parte de Dios. ¿Por qué estaba pasando por tanta angustia si él no había hecho nada malo?

11. Lee Job, capítulos 38 al 41. ¿Cuál es tu conclusión después de haber leído estos capítulos?

12. ¿Cuál fue la conclusión de Job después de hablar con Dios? Lee Job 42:1-6.

Al final el Señor restauró a Job y le dio una doble porción de todo lo que había perdido. Job pasó la prueba al resistir y no negar a Dios, a pesar de toda su tragedia. Nuestro Padre Celestial es misericordioso y compasivo. Él bendice a sus hijos que soportan las pruebas y penalidades por amor a su Nombre.

Estoy agradecida por la historia de Job porque él fue un gran ejemplo para todos nosotros. Él amaba al Señor con todo su corazón. Job no culpó o maldijo a Dios a pesar de sus grandes sufrimientos. Sus ojos estuvieron fijos en Dios. Éstas son las palabras de Job escritas en Job 19:25-27: «Pero en cuanto a mí, sé que mi Redentor vive, y un día por fin estará sobre la tierra. Y después que mi cuerpo se haya descompuesto, ¡todavía en mi cuerpo veré a Dios! Yo mismo lo veré; así es, lo veré con mis propios ojos». ¡Este pensamiento me llena de asombro!

Vamos a tener momentos difíciles en esta vida y es por eso que es muy importante mantener nuestro enfoque en lo que es eterno y no en los problemas temporales (parafraseando 2 Corintios 4:18).

13. Solo para demostrar lo que dije antes, ¿Quién causó toda la destrucción y el caos en la vida de Job? Lee Job 2:7.

14. ¿Qué dice Deuteronomio 32:4 acerca de Dios?

15. ¿Cuánto tiempo perdura el amor de Dios para con nosotros? Lee 1 Crónicas 16:34.

16. ¿Cuál es la seguridad que nosotros, los creyentes, tenemos todos los días de nuestras vidas? ¿A dónde vamos a vivir por siempre? Lee el Salmo 23:6.

¡Qué hermosa promesa y garantía! Vamos a morar en la casa del Señor por siempre, no por haber hecho buenas obras, sino por la gracia y bondad de Dios. Los que reciben esta promesa son los que optaron en poner su fe en el Hijo de Dios, Jesucristo, como Señor y Salvador.

17. ¿Cómo describe el Salmo 25:8 a Dios?

18. Lee el Salmo 31:19 y el Salmo 34:8.

   a. ¿Quiénes reciben la bondad de Dios?

b. Comparte un momento en el que te refugiaste en Dios y «probaste» de su bondad.

El temor del que se refiere el Salmo 31:19 no es temor de terror, sino más bien un temor de tipo reverente. Esta clase de temor representa un reconocimiento a la grandeza de nuestro Creador, la gran magnitud de su amor acompañado con un profundo agradecimiento hacia Él. Cuando yo era niña amaba a mis papas, pero también los temía y respetaba. El respeto a esa autoridad y disciplina significaba honrar a mis padres y también me mantuvo fuera de problemas.

En mis primeros años después de convertirme en cristiana yo asistía a la iglesia por temor de que si no iba, Dios me iba a castigar. Ahora que conozco mejor a Dios quiero adorarle, obedecerle y amarle con todo mi corazón para en esa forma demostrarle mi gran gratitud.

Cada domingo, desde que empiezo a arreglarme para ir a la iglesia, empiezo a alabar y adorar a Dios. Después cuando voy subiendo las escaleras de la iglesia, mi corazón se llena de emoción al saber que en unos cuantos minutos estaré levantando mis manos para adorar al Salvador que murió por mí.

19. ¿Cómo describe el Salmo 86:5 a Dios? ¿Crees esto? Si es así, explícalo aquí, por favor.

20. Lee y escribe Jeremías 29:11.

Hemos descubierto algunos de los esquemas que utiliza Satanás, ahora vamos a compararlos con los planes que nuestro Padre Celestial tiene para con nosotros.

21. Después de leer todos los versículos de esta lección, haz una lista para comparar los deseos que Dios tiene para ti y los planes que Satanás tiene en contra de ti. Voy a empezar los primeros dos de tu lista...

DIOS	SATANÁS
Planes de prosperarme	*Planes de devorarme*
Planes de bendecirme	*Planes de destruirme*

22. ¿A quién satisface el Señor con cosas buenas? Lee el Salmo 107:9.

La invitación está disponible a todos los que lo busquen y quieran conocerlo. ¿Está tu alma sedienta y hambrienta por saber y conocer más de Dios? Continúa pidiéndole a Dios que te dé más hambre espiritual por Él.

¿Recuerdas cuando estabas enamorada de alguien durante tu adolescencia? No podías dejar de pensar en esa persona. A lo mejor escribías su nombre en un pedazo de papel e incluso dibujabas uno o dos corazones. Ansiabas la hora de poder ver a tu ser querido. (¿Dibujan los hombres corazoncitos también? No lo sé... pero yo creo que algunos sí lo hacen).

Cuando amas a Dios con todo tu corazón piensas en Él todo el día y quieres pasar más tiempo con Él. Y a veces tienes que hacer un gran esfuerzo para no estar siempre hablando y pensando en Él. El rey David escribió en el Salmo 35:28: «Con mi lengua proclamaré tu justicia, y todo el día te alabaré» (NVI). Salmo 71:8: «Por eso nunca puedo dejar de alabarte; todo el día declaro tu gloria». Salmo 119: 97: «¡Oh, cuánto amo tus enseñanzas! Pienso en ellas todo el día». No hay palabras para describir ese tipo de amor tan único y especial. Es mi deseo que tu sed y hambre espiritual aumenten cada día más y más.

23. Lee el Salmo 42:1-2 y 63:1. Comparte lo que piensas acerca de estos Salmos.

Como leímos anteriormente en el Salmo 107:9, el Señor satisface nuestra sed espiritual. Satisfacer según el diccionario significa hacer feliz, complacer, y agradar al máximo.

ORACIÓN

Señor, eres bueno y tu gracia perdura por siempre. Gracias por derramar tu gran amor y bondad en mí. Gracias por darme vida eterna. Sé que en esta vida tendré problemas, pero no estoy solo. Sé que un día, vendrás para llevarme a mi hogar eterno donde estaré contigo, donde todo será hermoso y perfecto. Gracias querido Jesús por tu infinito amor. Amén.

VERSÍCULO DE MEMORIZACIÓN

> ¡Oh Señor, eres tan bueno, estás tan dispuesto a perdonar, tan lleno de amor inagotable para los que piden tu ayuda! ~ Salmo 86:5

CAPÍTULO DIEZ

RENDICIÓN TOTAL

Pues yo sé los planes que tengo para ustedes —dice el Señor—. Son planes para lo bueno y no para lo malo, para darles un futuro y una esperanza. ~ Jeremías 29:11

La idea de que uno tenga que rendirse y ceder su voluntad nunca parece ser de agrado, pero verás que, cuando se refiere a Jesús, las noticias son muy buenas. En este capítulo verás lo bello y precioso que es entregarse completamente a Jesucristo, y las grandes recompensas que son parte de esa entrega total. Nuestra mayor recompensa por supuesto es la vida eterna al lado de Jesús; pero también recibimos innumerables bendiciones hermosas en esta vida presente, cuando nos sometemos por completo a su voluntad.

Si amamos a Dios con todo nuestro corazón, alma, mente y fuerzas debemos de estar dispuestos a aceptar su voluntad perfecta. Esto significa renunciar a nosotros mismos, a nuestros seres queridos, nuestras posesiones, salud, cuentas bancarias, ¡absolutamente todo! Cuando los discípulos de Jesús aceptaron seguirlo, lo dejaron todo y eventualmente estuvieron dispuestos hasta a morir por Él.

1. En tus propias palabras, ¿Qué significa rendirse totalmente a Jesús?

Antes de empezar este tópico es muy importante comprender el significado de la palabra «rendición». Ésta es la definición según el diccionario: Ceder el poder, control o acceder a renunciar a todo en favor de otro.

2. ¿Por qué piensas que nos es difícil tener que renunciar a nuestros deseos y a nuestras prioridades más importantes?

Cuando pienso en la palabra «rendirse», me imagino a un hombre con las manos arriba, y con una pistola apuntada en la cabeza —indefenso y humillado. Nadie quiere estar en esa terrible situación. Pero todo lo contrario sucede cuando voluntariamente nos rendimos a Dios. En vez de ser sometidos a la fuerza y de manera violenta, somos bendecidos cuando el Señor nos da una libertad que es completa en Él.

Cuando nos rendimos debemos ceder nuestra voluntad totalmente y no a medias, de lo contrario sería como decirle a alguien, «te doy un regalo gratis pero a medias». La Biblia usa el término «regalo gratis» cuando se refiere a la salvación y a la vida eterna. Sabemos que un regalo es normalmente gratis, pero Dios quiso que entendiéramos que la salvación es un regalo sin costo alguno para nosotros. No podemos comprar nuestra salvación por medio de buenas obras o por sacrificios propios, de acuerdo a las Santas Escrituras ¡es un regalo!

La salvación se obtiene cuando reconocemos y aceptamos que necesitamos la ayuda y el poder de Dios en nuestras vidas, al arrepentirnos de nuestros pecados y poner nuestra fe en Jesucristo, el Hijo de Dios, quien murió en la cruz por nosotros; y cuando admitimos que Él es el dueño de nuestras vidas. Por eso es que decimos: «Querido Jesús, entra en mi corazón. Te acepto como mi Señor y Salvador».

3. Busca la definición de la palabra «Señor».

Señor:

La definición según el diccionario es: «Uno que tiene poder y autoridad sobre los demás... a quien el servicio y la obediencia son debidos». Si decimos que Jesús es nuestro Señor entonces implica que Él es el dueño de todos los aspectos de nuestras vidas, tanto espiritualmente como materialmente.

4. *Explica en tus propias palabras lo que 1 Corintios 6:19-20 dice acerca de ti.*

Cuando rendimos nuestras vidas a Jesús dejamos de pertenecer a nosotros mismos porque Él nos compró con su sangre preciosa. Nos compró para salvarnos de la condenación y del poder de la muerte. Renunciar a todo puede ser muy difícil, sin embargo podemos estar seguros de que fuimos comprados con el fin de ser salvos. Hemos sido redimidos para la gloria eterna. A través de los años, he aprendido que cuando le entrego mis problemas a Dios, Él se encarga inmediatamente de mis circunstancias. Pero primero tengo que ceder mi situación completamente a Él.

5. *¿Qué dice Apocalipsis 5:8-10 sobre haber sido comprados? ¿Cuál fue la forma de pago y con qué fin?*

6. **Lee Romanos 8:1-2 y escribe el versículo uno aquí. Si deseas celebrar este gran hecho, haz una pausa en este momento y dale gracias a Dios por haberte liberado de la condenación.**

7. **Lee Isaías 43:1 en la Nueva Versión Internacional (puedes verlo en tu computadora o en tu teléfono celular también). Para mejor comprensión de lo que significa ser redimido; a continuación incluyo la definición del diccionario de la palabra «redimir». Comparte con tu grupo lo que significa este versículo para ti.**

Redimir:
1a: volver a comprar; 1b: recompra: para obtener o recuperar;
2a: libre de su cautiverio por el pago de un rescate; 2b: para sacar de, o ayudar a superar algo perjudicial; 2c: para liberar de la culpa o de la deuda; 2d: para liberarse de las consecuencias de pecado;
3: cambiar para mejor: reformar;
4: reparar, restaurar.

UN CORAZÓN ENTREGADO PARA SERVIR A DIOS

Un motivo por el cual me fue difícil rendirle mi vida a Dios es porque tenía un falso concepto de lo que significaba servirle. Yo temía que si le entregaba toda mi vida, Él me iba a mandar de misionera a un país muy lejano. Pero después empecé a entender que Él no envía a todos sus seguidores a ser misioneros. Más bien Él utiliza los dones y talentos que nos ha dado para servirle en otras áreas de necesidad. Y aquéllos que han optado por ser misioneros están gozosos de servir a Dios en esa gran aventura.

A veces hay personas que sirven a Dios pero carecen del gozo de servir porque se sintieron comprometidos a aceptar una posición voluntaria en la iglesia, o en algún grupo cristiano, y quizás ése no era el plan que Dios tenía para ellos. Tenemos que asegurarnos de que estamos siguiendo la voluntad de Dios, y orar primeramente de que Dios nos guíe a seguir su plan en cada área de nuestras vidas.

Cuando pasamos más tiempo con Dios en oración y lectura de su Palabra, el deseo de alabarle, servirle y agradarle aumentará cada vez más. A veces el servir en un ministerio puede ser un sacrificio personal, pero al mismo tiempo nos trae mucho gozo y alegría cuando nuestro motivo es el gran amor y agradecimiento que le tenemos a Dios.

Hace varios años acepté servir de voluntaria en dos ministerios diferentes, al punto de estar tan ocupada que llegué a sentirme muy cansada. Yo sabía que tenía que dejar uno de los dos pero no sabía cuál ministerio dejar, pues ambos me gustaban mucho. Así que le pedí a Dios que me ayudara y me indicara cuál decisión tomar. El Espíritu Santo me ayudó cuando, mientras oraba, esta pregunta entró a mi mente: «¿Cuál de estos dos ministerios te pesaría más dejar?» Fue fácil entonces ver que me gustaba más dar los estudios bíblicos. Me entristeció un poco dejar el puesto de Presidenta de un grupo cristiano de mujeres, pero una vez que lo hice, mi vida regresó a lo normal, y dejé de sentirme agotada. A Dios le agrada que le sirvamos pero también quiere que estemos descansados para poder servirle eficazmente. Esto es lo que Jesús les indicó a sus discípulos en Marcos 6:31: «Entonces Jesús les dijo: 'Vayamos solos a un lugar tranquilo para descansar un rato'. Lo dijo porque había tanta gente que iba y venía que Jesús y sus apóstoles no tenían tiempo ni para comer». Para poder hacer buenas decisiones es importante orar y dejar que el Espíritu Santo nos guíe y nos ayude. Dios también nos habla a través de su Santa Palabra, y otras veces Él nos indica su plan divino a través de otras personas o circunstancias en nuestras vidas.

Durante mis clases de estudios bíblicos, me enseñaron que cuando alguien nos pide servir en algún ministerio, el primer paso siempre debe ser orar al respecto. El segundo paso, si estás casado, es consultarlo con tu cónyuge, y pedirle su opinión. La directora de ministerios de mujeres me dijo: «Guadalupe, si después de orar, tu esposo dice que no está de acuerdo, entonces no lo hagas». Yo le pregunté: «¿De veras? ¿Aunque mi esposo no asiste a la iglesia?» Ella respondió: «Dios quiere que honres a tu marido, además él sabe si esta nueva responsabilidad te podría causar demasiado estrés. Dios quiere protegerte y guiarte a través de tu esposo». Luego ella me explicó cómo Dios ha designado a nuestros esposos para cuidarnos y protegernos. La excepción, por supuesto, es cuando tú estás en una relación abusiva y peligrosa, y si ése es el caso, entonces es recomendable que busques la ayuda de un pastor o un consejero matrimonial.

Así que yo le pedí a Dios que me confirmara si era su voluntad que yo fuera guía de estudios bíblicos para el grupos de mujeres. Dios me dio la respuesta al darme el apoyo de Eduardo en esta decisión. Ser guía de estudios bíblicos ha traído mucho gozo en mi vida y es un ministerio del cual disfruto muchísimo.

RENDIR NUESTROS PLANES A DIOS

Cuando mi esposo y yo nos trasladamos a una nueva ciudad, pasé un año entero pidiéndole a Dios que me ayudara a encontrar trabajo. Fui a varias entrevistas, pero no recibí ninguna oportunidad de empleo. Entonces oré: «Querido Padre Celestial, Tú siempre me has ayudado a encontrar el trabajo adecuado, pero ahora parece que nadie quiere contratarme. Señor, ¿Será que es porque Tú tienes otro plan para mi vida? Si es así, por favor, hazme saber cuál es tu voluntad». Dejé mis planes en las manos preciosas de Dios. Después de varios meses, llegué a comprender que el plan de Dios era de que yo me quedara de ama de casa y me encargara de guiar varios grupos de estudios bíblicos en vez de salir a trabajar. Fue maravilloso ver cómo Dios suplió y proveyó para todas nuestras necesidades financieras, sin que yo tuviera que salir a trabajar y solamente con el salario de mi esposo.

8. *Lee Josué 9:1-27 titulado, «Los gabaonitas engañan a Israel». Según el versículo 14, ¿En qué fallaron los israelitas? ¿Cuáles fueron los resultados de no consultar con Dios? Comparte un momento en que tomaste una decisión y consultaste primero con Dios y todo te salió bien y menciona otra ocasión donde no le consultaste y las cosas no salieron tan bien.*

En los capítulos anteriores, los israelitas escucharon las instrucciones de Dios y tuvieron éxito en sus batallas. Pero en este pasaje no consultaron con Dios de antemano y fueron engañados. Las lecciones que aprendemos en la Biblia son verdaderas y esenciales. Pídele a Dios que te ayude a confiar más en Él y depender de Él todo el tiempo.

Poco a poco he ido aprendiendo a consultar con Dios primeramente en todo, aun en las cosas pequeñas que parecieran no tener tanta importancia. Yo le pido a Dios su bendición y dirección aun antes de ir de vacaciones a cualquier lugar o hacer reservaciones, y todo nos sale mucho mejor debido a su ayuda divina.

PONER NUESTRAS FINANZAS EN LAS MANOS DE DIOS

Aun cuando amamos a Dios, existen ciertas áreas que a veces se nos hace difícil ceder. Para ciertas personas es el área de las finanzas. Aun cuando estamos conscientes de que es Dios el quien nos da nuestro aliento de vida, nos da la salud, y las habilidades para hacer nuestro trabajo. En realidad todo lo que tenemos, proviene de Él. Cuando verdaderamente amamos a Dios, hacemos nuestras ofrendas con un corazón agradecido y no por obligación. Nuestro deseo principal es ver el Reino de Dios avanzar por todo el mundo. No te sientas culpable si todavía no has rendido esta área de tu vida, yo empecé a confiarle esta área a Dios poco a poco. Ora a Dios y pídele que te ayude en tu situación, la cual será de mucha bendición a tu vida.

ENTREGARLE NUESTROS HIJOS A DIOS

Fue muy difícil para mí rendirle mis dos hijos a Dios. Siempre estaba preocupada por ellos. «¿Qué pasa si tienen un accidente automovilístico?» «¿Qué sucede si se meten en problemas?» La lista de preocupaciones era muy larga hasta que un día oré: «Querido Dios, estoy cansada de llevar estas cargas y sentirme angustiada. Te entrego a mis hijos, y puedes hacer con ellos lo que Tú quieras. Sé que no necesitas mi permiso para disciplinarlos pero de todas maneras tienes mi permiso para hacerlo, solo te pido por favor que seas gentil con ellos. Por favor protégelos, y si decides llevártelos antes que a mí, ayúdame a entender que Tú siempre estás en control y que eres soberano». Ese día comencé a sentir más paz en mi corazón.

9. Lee 2 Corintios 8:9 y explica lo que Jesús cedió por nosotros en este versículo.

Nuestro Señor Jesucristo manifestó el mayor acto de entrega al ceder su vida por ti y por mí. No escatimó absolutamente nada. Yo le rendí mi vida a Él, porque ¡Él lo dio todo por mí!

Si tú fueras rico, ¿Estarías dispuesto a ser pobre y dejarlo todo por alguien que no lo merece? El Señor Jesucristo, siendo rico, se hizo pobre a causa de nosotros.

10. ¿Qué más dio Jesús por ti de acuerdo a Isaías 53:12?

11. Lee Juan 6:51. Imagínate lo majestuoso que es el Cielo y las riquezas que Jesús tenía allí. ¿Por qué decidió dejarlo todo?

12. Lee 1 Juan 3:16. ¿Qué más entregó Jesús por ti?

13. Lee Romanos 5:8. ¿Qué nos demostró Dios al enviar a su Hijo, Jesús, a morir por nosotros?

La respuesta es su amor. ¡Él murió por ti! Él murió por todos nosotros, aun cuando éramos pecadores.

14. **Lee Marcos 14:44-46 y Lucas 22:47-48. ¿Qué sucedió en estos versículos?**

15. **¿Has sufrido alguna traición? No es necesario entrar en detalles, pero sí comparte cómo te hizo sentir.**

16. **Lee Juan 18:1-14. Relata los hechos que Jesús tuvo que pasar antes de la crucifixión.**

17. Lee Juan 19:1-37. Trata de imaginártelo como si estuvieras viendo una película. No te limites a leer y a contestar la pregunta nada más. Por favor reflexiona sobre estos versículos y haz un resumen.

Hace más de veinticinco años, leí este pasaje en mi grupo de estudio bíblico. Por primera vez me enteré en detalle de lo que Jesús había sufrido por mí en la cruz. Esos versículos penetraron mi corazón y comprendí su amor totalmente. Jesús no se defendió. Siendo el Hijo de Dios, Jesús pudo haber llamado a una legión de ángeles para evitar todo su sufrimiento, sin embargo no fue así. En vez de eso, voluntariamente optó por entregar su vida para el beneficio de todo el mundo—por ti y por mí, para quien quiera poner su fe en Él y creer que Él es el gran «Yo Soy», el Hijo de Dios.

18. Lee Isaías 50:6 y 53:7. ¿Cómo fue maltratado Jesús?

Jesús lo dio todo por mí. ¿Por qué no iba yo a darlo todo por Él? Mi corazón se derritió de amor ese día por mi Jesús.

19. *¿Qué te impide hoy a amar a Jesús con todo tu corazón? Si ya amas a Dios sobre todas las cosas, más que a tu cónyuge o hijos, ¿Qué fue lo que te motivó a hacerlo?*

Si lo que te impide entregarle todo a Jesús es resentimiento, desconfianza o simplemente no estás dispuesto, puedes pedirle a Dios en este momento que te ayude a amarlo cada día más y que te dé un entendimiento más profundo de su gran amor. Si ya lo amas con todo tu corazón, entonces hazle saber lo que tú sientes por Él.

20. *Lee Efesios 3:16-20. ¿Qué es lo que el apóstol Pablo quiere que los creyentes comprendan en esta oración?*

21. *Lee Salmo 103:2-6 y Jeremías 29:11. ¿Cuáles son los planes de Dios para ti?*

22. *Lee Lucas 6:46-50. ¿Cómo describe Jesús a las personas que escuchan sus enseñanzas?*

Dios tiene planes maravillosos para nuestras vidas y quiere bendecirnos. Él no es un Dios autoritario; al contrario, es paciente y amoroso. Dios nos ayuda a crecer espiritualmente y a confiar en Él. Tal vez tú ya has aceptado a Jesucristo como tu Señor y Salvador, pero ahora entiendes lo que significa llamarle Señor y entregarle toda tu vida. Pídele a Dios que aumente tu fe y confianza sabiendo que todo lo que Él tiene para ti es bueno. En el fondo de tu corazón, si estás listo, hazle saber tu deseo de rendirte completamente.

ORACIÓN

Querido Señor, Tú eres mi Dios y mi Señor. Te entrego toda mi vida. Puedes hacer con ella lo que quieras, porque ya no es mía. He sido comprado con tu sangre preciosa. Sé que tus planes para mí son para bien y no para mal. Gracias por tu amor y protección. ¡Sé que ahora te pertenezco! Gracias por haberlo dado todo por mí. En tu santo nombre Jesús, amén.

VERSÍCULO DE MEMORIZACIÓN

> Pues yo sé los planes que tengo para ustedes —dice el Señor—. Son planes para lo bueno y no para lo malo, para darles un futuro y una esperanza. ~ Jeremías 29:11

CAPÍTULO ONCE

AMOR PERFECTO

En esa clase de amor no hay temor, porque el amor perfecto expulsa todo temor. Si tenemos miedo es por temor al castigo, y esto muestra que no hemos experimentado plenamente el perfecto amor de Dios. ~ 1 Juan 4:18.

¿Conoces a alguien que te ha amado continuamente con un amor totalmente «perfecto»? ¿Han sido tu cónyuge, amigos, padres o hijos, capaces de amarte constantemente sin ninguna condición? ¿Puedes confiar en alguien que sea cien por ciento honesto y fiel contigo, aun en sus pensamientos? Por más que otras personas traten de amarnos de manera total y perfecta, somos humanos y vamos a fallar. Solamente nuestro Padre Celestial nos ama perfectamente.

Primeramente, miremos las definiciones de las palabras «Perfecto» y «Amor» en el diccionario.

> *Perfecto*
> 1a: ser enteramente sin culpa o defecto, impecable; 1b: satisfacer todos los requisitos, preciso.
>
> *Amor:*
> 1a: gran afecto por otra persona que surja de parentesco o lazos personales; 1b: afecto basado en la admiración, la benevolencia, o los intereses comunes;
> 2: una garantía de amor.

1. *Lee 1 Juan 4:15-18. ¿Cómo define el versículo 16 a Dios?*

Dios es amor. Yo puedo decir que amo a alguien, pero no puedo decir: «Yo soy amor». Solo Dios puede hacer esa declaración.

2. *¿Qué dice el versículo 18 sobre el amor perfecto?*

Este versículo nos confirma que la persona que está segura y confiada de su salvación no tiene por qué temer. En cuanto más tiempo dediques a la oración y lectura de la Biblia, descubrirás más acerca del amor perfecto que Él tiene por ti. Poco a poco te darás cuenta que Dios siempre te espera con los brazos abiertos e irás descubriendo ese gran amor. Jesús ya derramó su sangre por ti, lo cual demuestra su amor completo. Todo lo que tú necesitas hacer es creer y recibir ese amor divino y perfecto.

3. *¿Has tenido alguna vez el temor de amar a alguien sin reservas? ¿Por qué crees qué a veces existe el temor de amar y confiar en alguien plenamente?*

4. *¿Por qué crees que es difícil para nosotros, los seres humanos, ser perfectos y poder así amar a otros incondicionalmente en todo momento? Lee Romanos 3:23.*

Hace varios años asistí a una conferencia para mujeres donde uno de los temas se trataba de cómo amar a nuestros esposos. La persona encargada nos pidió completar el siguiente espacio en blanco y escribir una lista de razones por las cuales amamos a nuestros esposos:

Yo amo a mi esposo porque _____.

Las razones mencionadas fueron: Porque es un buen proveedor, me escucha, me apoya en los quehaceres del hogar, es buen padre, me hace reír, me cuida, es responsable... y así similarmente. Al compartir nuestras respuestas, ella nos sorprendió cuando nos dijo: «¿Se dieron cuenta que sus razones son condicionales? ¿Amas a tu marido aún cuando es irresponsable? ¿O si él no te ayuda en la casa? ¿Lo amarías aún si fuera un alcohólico o tuviera otras clases de adicciones?»

Nos encanta cuando nuestros esposos satisfacen nuestras necesidades físicas y emocionales. Estamos contentas cuando nos tratan con cariño y respeto. Pero el verdadero amor es incondicional y, en ocasiones, hasta un poco doloroso. Hay que recordar la promesa que hicimos al expresar nuestros votos matrimoniales «Para bien o para mal». En otras palabras, «En las buenas y en las malas…»

Solo el amor de Dios es perfecto. Él nos ama a pesar de todas nuestras imperfecciones. Somos declarados justos delante de Dios, a pesar de nuestros defectos, por medio del perfecto sacrificio que logró Jesús en la cruz. Dios es paciente con nosotros. Él nos perdona miles de veces y hasta se toma el tiempo de corregirnos y disciplinarnos porque nos ama.

Ya seamos solteros o casados, todos deseamos ser aceptados y amados en todo momento. Pero en este mundo vamos a sufrir toda clase de rechazos y decepciones. A veces vamos a sufrir el dolor de ser rechazados cuando un ser querido o alguien de la familia nos deja de amar. Ten en cuenta que Dios, tu Creador, te ama incondicionalmente y nunca te dejará ni te desamparará. Jesús te ama tanto que, para demostrártelo, renunció a su propia vida— ¡Eso es el verdadero amor!

Durante muchos años yo busqué el amor incondicional y perfecto en otras personas. Aunque mi esposo y yo nos queremos mucho, nos hemos herido sentimentalmente cuando hemos actuado egoístamente. A veces yo buscaba el amor y la atención de Eduardo, pero un partido de futbol parecía ser más importante para él. Otras veces, yo estaba más sensible y sus palabras o falta de atención me herían fácilmente. Hemos superado algunos de esos conflictos con mejor comunicación. Ahora le pido a Eduardo que me dé una hora específica para poder platicar y así eliminar cualquier clase de distracción que pueda interponerse. Así él puede disfrutar de su partido de futbol sin interrupciones, a menos que lo que yo tenga que decir no pueda esperar. Cuando finalmente llega nuestro momento de poder platicar sin interrupciones o distracciones es mucho más productivo y lo disfrutamos más.

Cuando yo estaba recién casada creía que mi esposo iba a poder satisfacer todas mis necesidades y que su amor iba a ser incondicional todo el tiempo. No estaba consciente de que Eduardo se había convertido en mi «dios». Él ocupaba el número uno en mi corazón. Si él era encantador, yo estaba feliz, pero si pasaba más tiempo viendo futbol que conmigo, entonces me sentía rechazada. Todo mi mundo giraba a su alrededor. ¿Te identificas con esto? Esto no solo le ocurre a las mujeres, los hombres también pueden sentirse abandonados cuando sus esposas tienen otras prioridades. ¿Sabías que la búsqueda de aprobación de nuestros cónyuges, más que la de Dios, resultó cuando Adán y Eva cayeron en pecado?

5. ***Lee Génesis 3:16 y enumera las malas consecuencias que iniciaron en este mundo debido a la desobediencia de ellos.***

Ésta fue una de las maldiciones: «A la mujer le dijo: 'Multiplicaré tus dolores en el parto, y darás a luz a tus hijos con dolor. Desearás a tu marido, y él te dominará'» (Nueva Versión Internacional – NVI). «Y tu deseo será para tu marido», antes de esto el deseo de Eva era primeramente Dios.

Al principio cuando Eduardo y yo discutíamos, yo no podía creer que la persona a quien más amaba podía ser capaz de herir mis sentimientos y sin parecer importarle. Nunca olvidaré las palabras de sabiduría que Dios me dio a través de mi cuñada: «Mi hermano es imperfecto y solo es un ser humano. El único que puede satisfacer todas tus necesidades emocionales es Jesús». Ella tenía toda la razón. Poco a poco, me di cuenta de que mi esposo, por mucho que me amaba, no era capaz de quererme perfectamente como lo hace Dios.

A partir de ese momento, cada vez que me sentía lastimada emocionalmente, oraba: «Gracias, Señor, que Tú sí me escuchas todo el tiempo. Siempre estás conmigo y te doy las gracias por amarme incondicionalmente». No era necesario hacer una cita especial para poder hablar con Dios porque Él siempre tenía tiempo para mí. Él es el único plenamente capaz de curar todas mis heridas.

A través de los años llegué a amar a Dios con todo mi corazón. Él llegó a ser número uno en mi vida. Cuando le dije a Eduardo que ahora él era el número dos porque Dios ahora tenía el primer lugar, él sonriendo me contestó, «Me gusta ser número dos, pues es mucha presión ser número uno». Mi esposo más bien se puso contento de que yo había encontrado al quién iba a poder satisfacer todas mis necesidades.

Mis dos hijos constantemente me demuestran su amor y aprecio. Tenemos muchos recuerdos lindos, pero tampoco pude encontrar en ellos el «amor perfecto» que yo buscaba. Cuando mis hijos eran adolescentes ya no querían ser vistos al lado de mi esposo o conmigo fuera de la casa. Le daban más importancia a la opinión de sus amigos que a la nuestra. Aunque éste es un proceso normal durante la adolescencia, no dejó de herir mis sentimientos, y pensé en todas las noches de desvelos y sacrificios de madre que hice con mucho amor cuando ellos eran bebitos. Entonces recurrí a Dios y le dije: «Señor, ahora sí que estoy convencida de que Tú eres el único que puede amarme con un amor perfecto e incondicional».

Es probable que personas muy cercanas y queridas te hayan herido emocionalmente. Esto no quiere decir que no puedas amar y confiar en la gente que te rodea, pero es importante reconocer que el único que nunca te defraudará es el que llevó todos tus pecados y murió por ti en la cruz.

6. *¿Puede Dios amarte aun cuando le fallas y caes en pecado? Lee Lucas 23:34, Romanos 5:8 y 2 Timoteo 2:13.*

Cuando leí Lucas 23:34, me di cuenta que Jesús no simplemente estaba diciendo: «Padre, perdónalos, porque no saben lo que hacen». Él estaba intercediendo por los que lo estaban torturando y asesinando. Esa oración fue una demostración poderosa del amor perfecto de Dios.

7. *¿Has sido lastimado emocionalmente por alguien que no supo amarte incondicionalmente? Tu respuesta puede ser un simple sí o no. No es necesario que compartas los detalles.*

Si todavía no has perdonado a esa persona en tu corazón, u otros que te hayan hecho daño, puedes pedirle a Dios que te ayude. Si te es difícil perdonar, entonces tu oración puede ser algo así: «Padre Celestial, yo realmente no quiero perdonar a la persona que me hizo daño. Ayúdame a perdonar y dejar ir cualquier resentimiento a través del poder de tu Espíritu Santo. Por favor, suaviza mi corazón. Te lo pido en el nombre de Jesús, amén». El mismo poder que Jesús utilizó para perdonar a los que lo crucificaron en la cruz está en ti cuando el Espíritu de Dios mora en ti. Sigue pidiéndole a Dios que te ayude a perdonar. Él lo hará posible.

Hubo ocasiones cuando yo no quería perdonar. Quería seguir enojada y sabía que si le pedía a Dios que ablandara mi corazón, la amargura y el enojo iban a desaparecer. Evitaba orar, porque quería seguir castigando a la persona que me había hecho daño. Pero estaba equivocada. Solo me castigaba a mí misma con el dolor y el enojo. A través de la oración constante mi resentimiento y dolor desaparecieron. Dios se alegra cuando por fin somos liberados del daño que otros nos han causado.

8. *¿Qué pasa cuando eres tú el que necesita el perdón de Dios? Lee 1 Juan 1:9 y comparte tus pensamientos.*

A menudo hablo con gente sobre la gracia y el perdón que recibimos de parte de Dios cuando nos arrepentimos. A veces las personas no pueden recibir plenamente su amor, porque aún cargan culpa por los pecados que ya han confesado. Yo les muestro los versículos maravillosos de la Biblia donde dice que cuando nos arrepentimos de nuestros pecados, Dios nos hace blancos como la nieve (Isaías 1:18) y que Dios no se acuerda más de nuestros pecados (Isaías 43:25). Tú leíste anteriormente en 1 Juan 1:9 que si confesamos nuestros pecados (cualquier tipo de pecado, no importa cuán grande) a Dios, Él nos perdonará y nos purificará de toda maldad.

ORACIÓN

Amado Dios, gracias por tu amor perfecto. Estoy agradecido por las muchas veces que me has perdonado y dado la oportunidad de empezar de nuevo. Tú eres un Dios amoroso y perfecto. ¡Te amo Señor! En el nombre de Jesús, amén.

VERSÍCULO DE MEMORIZACIÓN

> En esa clase de amor no hay temor, porque el amor perfecto expulsa todo temor. Si tenemos miedo es por temor al castigo, y esto muestra que no hemos experimentado plenamente el perfecto amor de Dios. ~ 1 Juan 4:18.

CAPÍTULO DOCE

PERMANECE EN MI AMOR

«Yo los he amado a ustedes tanto como el Padre
me ha amado a mí. Permanezcan en mi amor».
~ *Juan 15:9*

Dios desea que todos estemos en comunión con Él, y que permanezcamos continuamente en Él. Permanecer significa: esperar, aguantar sin ceder, aceptar sin objeciones, mantenerse estable, o fijo en un estado y continuar en un lugar. La definición del diccionario es: permanecer en el mismo lugar o con la misma persona o grupo.

1. *Lee Juan 15:1-17.*

    a. *¿Según Juan 15:1-2, quién es la Vid Verdadera, y quién es el Labrador o Jardinero?*

    b. *¿Quiénes son las ramas según el versículo 5 y cómo pueden producir mucho fruto?*

2. *¿Puede un cristiano producir fruto por sí mismo?*

3. ¿Cómo describirías a una persona que no da fruto espiritual, y cuál es la causa de esto?

Así como yo necesito tomar agua todos los días, así también necesito la dirección y la presencia de Dios en mi vida en todo momento. Las decisiones que he tomado no han sido muy sabías, ni han producido el fruto esperado, cuando me alejo de Él. Por ejemplo, la impaciencia es una de mis debilidades, además la ansiedad y el miedo tocan a la puerta de mi corazón con frecuencia. Aun problemas pequeños, que no tienen mucha importancia, pueden convertirse en ataques de ansiedad y pánico en mi corazón, cuando no estoy constantemente dependiendo y permaneciendo en Dios. Los sentimientos de ansiedad me hacen sentir fuera de control cuando dejo que el temor se apodere de mi mente. Tal vez tú has sentido ese tipo de pánico que causa la ansiedad. ¿Cómo podemos contrarrestar esos ataques y situaciones que causan tanta ansiedad? Estar siempre muy activa en grupos de estudio bíblico ha sido de muchísima ayuda. Dios me ha bendecido con muchas amigas cristianas que me han ayudado a ser consistente y a estar conectada a la Vid —Jesús.

Los ataques de ansiedad ahora son pocos porque he elegido estar regularmente conectada con Dios a través de los estudios de la Biblia. La Palabra de Dios me tranquiliza y me llena de una paz profunda. La Biblia me deja saber que mis problemas son temporales y que tengo un futuro eterno y triunfante con Jesús. Las oraciones mías y las de mis compañeras me han ayudado a permanecer en Jesús y me han dado el apoyo y consuelo que tanto necesito.

SEPARADOS DE LA VID

En mi primer año de estudio bíblico, nuestra líder anunció que nuestro estudio terminaría después de la primavera y continuaría en el otoño. Nos dijo que habría otros estudios menos intensivos durante el verano que no requerían tarea. Ella nos recomendó no esperarnos hasta el otoño para leer la Palabra de Dios, especialmente si éramos nuevas al estudio. Nos dijo: «Si pones a Dios en un segundo plano durante el verano, regresarás de arrastradas en el otoño, lamentando haber tenido un verano muy árido—espiritualmente hablando». Desafortunadamente yo no seguí su consejo. Decidí no asistir a los estudios de verano y tomar un descanso de estudiar la Biblia. Tampoco estuve en contacto con mis compañeras de estudio bíblico. Ese verano experimenté el «desierto espiritual» al que la líder del grupo se había referido. Sentí que algo me hacía falta y no sabía por qué me sentía un poco vacía. Más tarde descubrí que durante esos meses de verano, ese «algo» fue sed espiritual. Necesitaba agua—agua viva.

Cuando el otoño finalmente llegó me reuní de nuevo con mis amigas para leer la Biblia y alabar a Dios juntas, ¡O, mi alma se refrescó! Siempre recordaré el aire fresco del otoño en mi rostro y el gozo que sentí al estar nuevamente en mi oasis. Fue un gran gozo para mí el haber regresado a mi hogar espiritual al participar de nuevo en el grupo de estudio bíblico, siguiendo más de cerca las instrucciones y los pasos de Jesús.

Si ya tienes el hábito de leer la Biblia regularmente por tu propia cuenta, entonces no tendrás problemas en tomar un breve descanso del grupo durante el verano. Pero si no has establecido una rutina de pasar tiempo con Dios a solas, te sugiero un breve y ligero estudio durante esos meses. Esto evitará que pases por una sequía espiritual como la que yo tuve. Esa sequía espiritual me motivó a escribir un estudio bíblico simple y que no requiere tarea, es ideal para los meses de verano, ya que el tema es diferente cada semana. De manera que si estás ausente por un par de semanas, o andas de vacaciones, todavía puedes participar sin sentirte desconectado de las lecciones previas. Las preguntas se discuten en el grupo. El libro de estudio se titula, «Más poder a través del Fruto del Espíritu Santo» y tengo planeado publicarlo pronto. Existen otros estudios, cortos y sin tarea, disponibles en las librerías cristianas que también pueden refrescar tu alma durante los meses de verano.

RAMAS EN NECESIDAD DE AGUA

La Biblia nos dice que nosotros somos las «ramas» y sabemos que si no recibimos el agua y los nutrientes necesarios, corremos el riesgo de marchitarnos, secarnos y el gran peligro de volver a ser como éramos antes de conocer a Cristo. Es posible de que no nos demos cuenta de nuestras actitudes de alejamiento ya que no estamos siendo expuestos a la luz de la Palabra de Dios. Cuando somos influenciados por la cultura de este mundo, en vez de Dios, comenzamos a pensar y a actuar más mundanamente. Los medios de comunicación como la televisión, la música, las películas e incluso los comerciales pueden modificar nuestra manera de pensar y nuestro comportamiento en una manera tan sutil que a veces no nos damos cuenta de esos cambios.

Cuando yo estaba en mis veintes de edad, me gustaba mucho escuchar las canciones populares de la radio. Las cantaba y repetía constantemente en mi mente. En ese tiempo me gustaba el ritmo de una canción en la cual la mujer le decía a su hombre que si él realmente ya no la amaba, entonces que se largara de su vida. No me gustaba mucho la letra de esa canción pero el ritmo era muy alegre y bailable. Después de un tiempo empecé a pensar: «Todavía estoy joven. ¿Qué estoy haciendo casada y con hijos cuando podría estar soltera disfrutando de mi vida?» Mi esposo y yo nos llevábamos bien y teníamos dos hijos maravillosos, «¿Entonces de dónde vino esa idea?» Meses después me di cuenta que fue de tanto cantar esa canción.

Decidí dejar de escuchar esa música y empecé a llenar mi mente con la Palabra de Dios y de música cristiana. Mis pensamientos cambiaron. Me sentí amada y aceptada al escuchar la letra de las canciones que hablaban del gran amor de Dios. ¡Ese cambio hizo una gran diferencia en mi vida!

Las tentaciones suelen inundar nuestros pensamientos primero de una manera casi imperceptible pero real. Entonces tenemos que enfocarnos y depositar en nuestras mentes pensamientos que sean puros y bellos constantemente, tal como lo dice Filipenses 4:8, «Y ahora, amados hermanos, una cosa más para terminar. Concéntrense en todo lo que es verdadero, todo lo honorable, todo lo justo, todo lo puro, todo lo bello y todo lo admirable. Piensen en cosas excelentes y dignas de alabanza».

4. *¿Qué nos dice Romanos 12:1-2 que hagamos?*

PERMANECER EN ÉL

Cuando permanecemos en Jesucristo, estamos más conscientes de lo que a Él le agrada y lo que le desagrada. Yo antes miraba ciertos programas de televisión, telenovelas y películas que hoy en día ya no me interesan. No creía que tenían nada de malo verlos, hasta que Dios abrió mis ojos a la verdad, y pude ver que incluso algunas películas para jóvenes contienen mensajes muy contrarios a lo que Dios quiere de nosotros. Esto no necesariamente indica que debes de dejar todo lo de este mundo, pero cuando uno está en sintonía con el Espíritu de Dios, la cuestión de ver la película o no simplemente pierde importancia porque nuestra mente está ahora enfocada en lo que le agrada al Espíritu Santo.

5. *¿Cuáles son las cosas que le desagradan a Dios y que te ha dicho el Espíritu Santo que alejes de tu vida? Comparte esa victoria. Yo comparto la mía a continuación...*

Cuando yo estaba en mis veintes me vestía más o menos como el resto de las chicas de mi edad. Si las minifaldas estaban de moda, yo las usaba y me agradaba cuando los hombres se fijaban en mí al cruzar la calle. Yo estaba ciega al hecho de que al vestirme así, estaba siendo una tentación para ellos. Cuando empecé a asistir a los estudios bíblicos y llegué a comprender mucho mejor la Palabra de Dios, me puse a pensar, «¿Me pondría yo esta ropa para ir a la iglesia? Yo no quiero ser un instrumento de Satanás para tentar a los hombres, inclusive si algún hombre casado está tratando de mantenerse fiel a su esposa en sus pensamientos». Desde entonces comencé a prestar más atención a la ropa que colgaba en mi clóset y le pedí a Dios que me ayudara a honrarlo en mi manera de vestir. La ropa que ahora uso es femenina en vez de provocativa. Dios me ayudó a transformar mi mente al igual que mi forma de ser.

En otra ocasión se aproximaba la fiesta de Navidad de la empresa donde trabajaba mi esposo. Quería usar un vestido lindo y modesto. Me paré enfrente del clóset y no sabía qué ponerme para esa función tan especial. Después de probarme varios vestidos, no pude encontrar nada. Entonces pensé: «¿Por qué no le pido a Dios que me ayude a escoger?» Sé lo que estás pensando... ¿En serio, Guadalupe? Oré: «Querido Señor, yo sé que parece una tontería pedirte que me ayudes a decidir qué ponerme, pero quiero verme como una princesa para Ti y para mi esposo. Por favor, ayúdame a elegir el vestido para esa noche. Te lo pido en el nombre de Jesús, amén».

Mientras oraba, Dios me reveló en mis pensamientos qué ponerme. Después de orar, me fui a mi armario para probarme la ropa que Dios había escogido para mí. Era una falda larga muy linda, color crema con un bordado delicado, junto con una blusa negra elegante con destellos plateados que brillaban. Los toques finales incluyeron un pequeño lazo de terciopelo negro para atar mi cabello hacia atrás y un par de aretes brillantes largos. Fue hermoso y elegante. A Eduardo le encantó como lucía esa noche y sé que a Dios le agrado también.

Ahora bien, ¿quién ora por qué vestuario ponerse cuando hay mayores necesidades en el mundo? A Dios le gusta ayudarnos en todo, incluso en las peticiones más pequeñas, tanto así que Él me impulsó a orar. Yo sé que Dios no es un genio que vive dentro de una lámpara mágica y que siempre está listo para cumplir todos mis deseos. También hubo ocasiones en mi vida cuando parecía que mis peticiones eran ignoradas.

Por ejemplo, por muchos años le he pedido a Dios que me sane de un dolor muscular del cual padezco. Así como el discípulo Pablo, yo tengo un «aguijón en la carne», y he clamado al Señor que me sane. En el pasado yo me he quejado ante Dios por muchas otras cosas, pero a través de los años Dios me ha enseñado lecciones en su Escritura que son mucho más importantes, y ahora sé que Él tiene un propósito más grande en mi vida. Aun cuando ciertas cosas no parecen tener sentido para mí, he decidido dejarlas en las manos de Dios y declararle que lo amo, pase lo que pase. Si Dios no me sana aquí en la tierra, sé que lo hará en el Cielo, y no tendré más dolor ni sufrimiento. El saber que voy a pasar una eternidad muy linda con Jesús hace que mi dolor sea mucho más tolerable en esta vida temporal.

Mientras tanto, Él me da las fuerzas y el gozo para hacerle frente a mis dolores. Aprendí del discípulo Pablo, cuando escribió acerca de su «espina en la carne», en 2 Corintios 12:8-10: «En tres ocasiones distintas, le supliqué al Señor que me la quitara. Cada vez Él me dijo: 'Mi gracia es todo lo que necesitas; mi poder actúa mejor en la debilidad'. Así que ahora me alegra jactarme de mis debilidades, para que el poder de Cristo pueda actuar a través de mí. Es por esto que me deleito en mis debilidades, y en los insultos, en privaciones, persecuciones y dificultades que sufro por Cristo. Pues, cuando soy débil, entonces soy fuerte».

Si tienes una petición no te canses de orar y sigue pidiendo. Dios está pendiente y concede cada petición a su debido tiempo, y de acuerdo a su santa voluntad. Él tiene planes muy grandes para tu vida. Le pido a Dios que te ayude a seguir confiando y creciendo en tu fe durante cualquier situación difícil. ¡Sigue firme y adelante!

6. ¿Cómo debemos de vivir para agradar a Dios? Lee Colosenses 1:10.

Dios sigue trabajando en mí con mucha gentileza, y con la ayuda de su Espíritu Santo me ha ido mostrando poco a poco las cosas que debo permitir que Él corrija en mi vida. A pesar de las debilidades que tenemos como seres humanos, sabemos que Jesús nos presentará en el día final sin culpa y sin mancha enfrente de Dios como una novia pura y radiante.

7. ¿Cuál ejemplo nos da Jesús en Juan 15:10?

BENDICIONES DE PERMANENCIA

8. ¿Cuál es la bendición de permanecer en la Vid según Juan 15:11?

9. *Comparte un momento en que elegiste mantenerte conectado a la Vid, y como resultado recibiste una bendición de parte de Dios.*

Permanecer en la Palabra de Dios me ayudó a superar mi depresión. A través del tiempo, mi corazón se fue llenando de mucho gozo en Él. Hoy en día cuando la ansiedad quiere atacarme, me defiendo por medio de la oración y la adoración. El enemigo no puede soportar un corazón que alaba a Dios, y cuando tú oras y adoras al Señor el diablo huye de ti y así Dios restaura tu gozo y tu paz.

PERMANECER EN LA ADORACIÓN

10. *La adoración es un arma poderosa contra el enemigo. Lee 2 Crónicas 20:1-29 y comparte tus pensamientos acerca de estos versículos.*

Este pasaje me dio mucho ánimo y aliento al saber que solo la alabanza y la fe de estos hombres lograron que sus enemigos fueran derrotados. Ellos oraron y buscaron la ayuda de Dios en una batalla difícil, en la cual era casi seguro que no iban a sobrevivir. Optaron por tener fe y confianza en Dios para seguir adelante a pesar de que estaban en gran desventaja. Ahora sé que Dios me da fortaleza y gracia para triunfar en mis batallas espirituales a través de la oración y la alabanza.

Cuando Job lo perdió todo, lo primero que hizo fue adorar a Dios. El rey David le pidió a Dios que su primer hijo con Betsabé se recuperara de una enfermedad mortal. Cuando se enteró que su hijo había muerto, se fue al templo para adorar a Dios. Abraham esperó la promesa de un hijo por veinticinco años, y mantuvo su fe firme en Dios. Como puedes ver, cada uno de estos personajes en la Biblia adoraron a Dios a pesar de circunstancias muy difíciles. Ester ayunó y oró, y hasta estuvo dispuesta a morir para salvar al pueblo de Israel. ¿Qué clase de personas responden a estas circunstancias difíciles de esta manera? Llegué a la conclusión de que alguien que entiende y acepta la soberanía de Dios y lo ama por encima de todo, es capaz de adorar en medio de situaciones muy severas. Estos hombres y mujeres de la Biblia son nuestros ejemplos a seguir. Nos enseñan a ser fieles a Dios, y a depender de Él en todo momento.

Y en última instancia, está el ejemplo de nuestro Señor Jesucristo. Cuando Jesús oró la noche antes de su crucifixión para que la copa de sufrimiento pasara de Él, Dios no le concedió su petición. Él tenía un plan mayor en salvar a la humanidad. Nuestra salvación y la vida eterna estaban de por medio. Cristo venció la muerte y resucitó al tercer día. La gloria de la resurrección y la vida eterna es nuestra esperanza. ¿Te ha negado Dios algunas de tus peticiones? Solo recuerda que Él le dijo que no a su Hijo amado, Jesús, y Él sabía lo que estaba haciendo al tener un plan de salvación para nosotros.

11. ¿Cuál es el mandamiento de Jesús en Juan 15:12?

12. Explica el amor de Jesús para con nosotros según Juan 15:13.

Jesús nos dice que debemos amar a los demás de la misma manera que Él nos ama. Yo antes trataba de amar a las personas difíciles por mi propio esfuerzo, y me fue imposible. Amar y poner a los demás por encima de mí sigue siendo el resultado de permanecer en la Vid Verdadera. Cuando comparto las experiencias de mi vida con ustedes lo hago con la intención de motivarlos a que fijen su mirada en Cristo. Solo a través de su fuerza y poder somos capaces de amar a nuestros enemigos, como Él nos mostró con su gran ejemplo en la cruz.

CONECTADOS A LA VID

Cuando estamos conectados a la Vid, nuestro corazón comienza a latir en armonía con el corazón de Jesús. Compartiré varios ejemplos de cómo Dios ha actuado en mi vida en los últimos años, y cómo he observado su amor hacia otras personas brillando a través de mí.

Hace años, mientras conducía por mi vecindario, vi a un señor cortar el césped al frente de un edificio. Él traía puesta una camiseta anaranjada con grandes letras en negro en la parte delantera que decía, «CÁRCEL», lo cual indicaba que era un preso que hacía trabajo comunitario bajo supervisión. Yo observé que él solo miraba hacia abajo pues quería evitar la mirada de los conductores a su alrededor. Mientras yo esperaba la luz verde del semáforo, mis lágrimas comenzaron a rodar. Me entristeció ver lo que el enemigo es capaz de hacerle al hombre. Me dio tristeza ver la pena y vergüenza que este señor tenía que soportar por consecuencia de su pecado o delito. Dios me inspiró a orar por la salvación de ese hombre en caso de que no fuera creyente, y le pedí también que lo bendijera. Esta experiencia me hizo realizar cómo el corazón de Dios reacciona hacia aquellos que sufren por haber caído presos al pecado y a las mentiras de Satanás.

Cuando permanecemos en Dios y en su Palabra, llegamos a tener un corazón compasivo como el de Jesús. A través del poder de su Espíritu Santo, serás más cariñoso, alegre, pacífico, paciente, amable, bueno, fiel, bondadoso, y tendrás más control en tu vida (parafraseando Gálatas 5:22-23). Quizás habrán ocasiones cuando no tendrás deseo de ser amable y gentil con las personas mal agradecidas, sin embargo a través del Espíritu Santo podrás ceder tu orgullo y egocentrismo, y producir buen fruto como resultado.

Es casi increíble como Dios incluso me ha enseñado a orar por las personas que se me atraviesan rudamente mientras voy manejando en la carretera. Me es difícil enojarme con ellos cuando me pongo a pensar que la persona que va conduciendo tan peligrosamente podría ser alguien como mi propio hijo, y que probablemente su madre también se preocupa y ora por él. El Espíritu de Dios me guía en ese momento a interceder por esa persona y le pido a Dios que lo proteja a él y a los demás conductores en la carretera. También pido por su salvación, si acaso todavía no es salvo. Escuchar música cristiana en mi coche me ayuda a no irritarme tanto con los conductores groseros. Los cantos de alabanza me ayudan a mantener mi corazón blando y me hace que sea más tolerante.

Quizás tú también eres uno de los muchos que Dios usa con el don de la oración intercesora. O a lo mejor eres uno de los que se benefician por esas oraciones, sin siquiera saberlo. Muchas de mis amigas cristianas me dicen que ellas también oran por los paramédicos, bomberos, policías y personas necesitadas cada vez que escuchan la sirena de una ambulancia, camión de bomberos o de policía que van en camino a proveer asistencia en casos de emergencia.

El Espíritu Santo a veces nos guía a orar cuando vemos a alguien que tiene problemas de coche a la orilla de la carretera, o cuando vemos a través de nuestro espejo retrovisor a una pareja argumentando. Dios quiere que no solamente observemos lo que está pasando a nuestro alrededor pero que también intercedamos por las personas en situaciones peligrosas o difíciles. También es bueno pedirle a Dios sabiduría para saber cuándo es seguro ayudar a los necesitados y no correr el peligro de que algún malvado nos engañe. Le doy gracias a Dios por usarnos como sus instrumentos. ¡Es un gran privilegio poder ayudar a los demás y actuar en ese momento como si fuéramos las manos y los pies de Jesús al hacer sus obras aquí en la tierra!

Hace varios años, vi a un adolescente en un pequeño centro comercial en mi vecindario que pasaba el rato muy alegre con sus amigos en sus patinetas. Todos ellos usaban ropa de color negro con cadenas de metal colgando de sus pantalones. Meses después lo vi sentado a solas en una banqueta con la cabeza agachada. Estaba lloviendo y hacía frío. Se veía muy triste, y el Espíritu Santo me motivó a orar por él mientras yo conducía.

De vez en cuando miraba a este joven caminando solo alrededor en las afueras del centro comercial. Seguí orando por él. Varios meses después lo vi en la biblioteca de la universidad donde yo trabajaba, viendo libros en la sección de «Religiones del Mundo». En ese momento le pedí a Dios que lo protegiera de no meterse a una secta extraña. Meses después, lo vi cruzando la calle con una túnica larga y sandalias. Tenía un largo bastón en la mano y sobresalía entre las demás personas con su apariencia como la de Moisés en la Biblia y pensé que había perdido la razón, «¡Oh, no! Se volvió loco». Una vez más le pedí a Dios que lo protegiera.

Pasó el tiempo y un día lo vi sentado afuera de un pequeño restaurante. Estaba vestido normalmente y tenía una mochila llena de libros. Yo iba caminando hacia el supermercado pero sentí fuertemente que Dios quería que yo hablara con él.

«Hola, mi nombre es Guadalupe, ¿Cómo te llamas?»

«Dustin» (no su verdadero nombre)

«Dustin, quiero que sepas que he estado orando por ti casi todo un año».

Le narré todas las veces que lo había visto y que Dios me urgió que orara por él. Él se quedó callado por unos segundos y luego dijo: «Gracias».

«¿Eres cristiano ahora, Dustin?»

«¡Sí!»

«¡Me lo imaginé!»

Él me dijo que había conocido a unos jóvenes cristianos que lo invitaron a ir a la iglesia. Dijo que también estaba asistiendo a la universidad y que le iba muy bien. Lo felicité y le dije que siguiera con esos buenos amigos y acercándose más a Dios.

Hay un gran poder celestial en la oración. Dios nos ha designado a orar por las personas necesitadas. No solo pasar por enfrente de ellos, pero ser sensible a la voz de Dios. A veces podemos ayudar simplemente elevando una oración sencilla en nuestra mente. Otras veces es necesario abandonar nuestra propia comodidad para llegar a ser los pies y las manos de Jesús en ayudar a los demás.

Sería muy poderoso si todos oráramos al ver las tragedias que suceden localmente o alrededor del mundo cuando vemos las noticias en la televisión. O cuando en el supermercado vemos en las portadas de las revistas, las fotos de personas famosas con problemas de alcohol, drogas o matrimonios destrozados.

Cuando veo en la televisión que alguien huye a toda velocidad de la policía en las carreteras, o algún otro tipo de crisis, me detengo y oro por la seguridad de las personas y le pido a Dios que los delincuentes se entreguen a las autoridades, y sobre todo que se entreguen a Jesucristo. Espero que tú también te detengas a orar cuando Dios te lo indique; Jesús te ayudará a estar más consciente de las necesidades que suceden alrededor tuyo.

13. Lee Isaías 25:6-9 y enumera las cosas especiales y maravillosas que les esperan a aquellos que han perseverado y permanecido en el Señor.

Me causa alegría y paz saber que en el Cielo no habrá más sufrimiento o muerte. También me gusta el versículo seis, donde describe que el Señor Todopoderoso nos preparará un gran banquete. ¿Alguna vez te has imaginado a Dios, el Creador del Universo, preparándote y sirviéndote la comida? Desde el principio, Jesús, el Rey Humilde, vino a servirnos y a demostrarnos su amor con su preciosa vida.

14. Escribe Isaías 25:8-9.

15. Escribe aquí una carta de agradecimiento a Dios por tu salvación.

Me encantan las bodas. Hay tanta belleza en el vestido blanco de la novia, la decoración, el romance, el pastel de boda y el banquete. Me gozo en ver la alegría de las personas cercanas a la pareja celebrando esa unión de amor.

Los preparativos y planes para este gran evento culminan el día de la boda. La atmósfera está enriquecida con la emoción de la pareja que comparte su amor. Los novios irradian alegría. Así es como nosotros, los creyentes, nos deberíamos sentir con la anticipación del día en que vamos a ver a Jesús, nuestro novio, cara a cara. Vamos a estar juntos con el que rescató y amó a nuestras almas— Aquél que dio su vida por nosotros. ¡Qué día tan feliz será! Vamos a poder agradecer y amar a nuestro Dios, en persona, por toda una eternidad.

A la mayoría de nosotros nos gusta ver héroes en las películas. Jesús es nuestro gran Héroe, que vino a rescatarnos del poder del mal y la oscuridad. Él nos llevará al lugar que fue a preparar para nosotros y viviremos con Él por siempre. «Y vivieron felices para siempre...» parece un cuento de hadas, pero me alegro de que no lo es. Nuestro Héroe viene en su caballo blanco para rescatarnos de la destrucción y el pecado (parafraseando Apocalipsis 19:11). Éste es el mensaje del Evangelio—La Buena Nueva, las buenas noticias que se encuentran en las Escrituras.

Si eres hombre, tal vez la idea de una boda no te llame tanto la atención como a nosotras las mujeres. Entonces piensa en el siguiente escenario. Hay una gran guerra militar y muchas vidas están en peligro. Valientes soldados están a punto de morir a manos de un enemigo sumamente malvado y destructivo. Entonces el Guerrero más poderoso de la batalla viene a pelear por ti. Él se enfrenta al enemigo y lo destruye, pero en el proceso es herido gravemente y muere protegiéndote. Este Héroe dio su vida para salvarte a ti y a tus amigos. A través del sacrificio de este Guerrero, lo inimaginable sucede... ¡Vuelve a la vida! Se establece un nuevo reino unido, y la paz en todas las naciones será por siempre. No más batallas. No más derramamiento de sangre. No más muerte. El enemigo es vencido y el nuevo Rey gobierna con amor y paz por toda una eternidad... ¡El Fin!

16. Describe cómo Jesús va a presentarnos ante la gloriosa presencia de nuestro Padre Celestial. Lee 1 Corintios 1:8, Colosenses 1:22, Judas versículo 24, Apocalipsis 19:7 y 21:2.

Es un gran consuelo para mí saber que Jesús me presentará sin culpa, sin mancha, y libre de acusaciones delante de mi Padre Celestial y Creador. Estos pasajes dejan claro que Jesús nos mantendrá firmes hasta el final con la ayuda de su Espíritu Santo que vive en nosotros.

17. Lee Apocalipsis 21:1-4 para obtener una mejor idea de lo que está por venir. Describe a continuación la clase de lugar que nos espera a los creyentes en Jesucristo.

18. Escribe Apocalipsis 22:17 y si todavía no has recibido el regalo de la vida eterna, ésta es tu oportunidad. Te invito a regresar a la página #48 y leer la oración en voz alta para recibir a Jesús como tu Señor y Salvador.

Este pasaje habla de una novia, que representa a la iglesia—los creyentes. Si eres hombre, puede que te sea difícil imaginarte a ti mismo como una «futura esposa». Tal vez esto te ayude: hace muchos años, una novia solo podía vestirse de blanco si era virgen. El vestido representaba su pureza e inocencia. Había un velo sobre su rostro que solo su futuro esposo podía levantar. El velo simbolizaba que la novia no había estado con ningún hombre y que estaba dando su virginidad y pureza a su novio como regalo. Me gusta imaginar la escena final cuando Jesucristo, nuestro Novio, nos presentará, a su iglesia, como una novia vestida de lino blanco, sin culpa, inocente, sin mancha y pura ante Dios.

19. ¿Cuál es la promesa que los creyentes están esperando ansiosamente? Lee Hechos 1:11.

¡Qué gran final será cuando Jesús iluminará el Cielo con su esplendor y majestuosidad al regresar para juntar y rescatar a su pueblo!

ORACIÓN

Querido Dios, ayúdame a permanecer en tu amor. Quiero permanecer en Ti por siempre. Ayúdame a brillar para tu gloria y reflejar a tu Hijo Jesús a los demás, todos los días de mi vida. Te lo pido en el nombre de Jesús. ¡Amén!

VERSÍCULO DE MEMORIZACIÓN

«Yo los he amado a ustedes tanto como el Padre me ha amado a mí. Permanezcan en mi amor». ~ Juan 15:9

CONCLUSIÓN

En resumen éstos son los doce capítulos del libro. Logramos amar a Dios con todo nuestro corazón, alma, mente y fuerza cuando:

- Nos deleitamos en su presencia al pasar más tiempo con Él
- Reconocemos que Él nos amó primero
- Nos damos cuenta del gran amor maravilloso de Jesús
- Escuchamos en nuestros corazones la voz de su Espíritu Santo
- Declaramos nuestro amor por Él
- Le pedimos que nos ayude a amarlo más cada día
- Somos fieles y obedientes a Él
- Depositamos toda nuestra fe y confianza en Él
- Creemos en la bondad y generosidad de Dios
- Cuando rendimos por completo nuestras vidas a Él
- Comprendemos que no hay amor más grande que el amor perfecto de Dios
- Permaneciendo y morando en Dios

A través de estos doce capítulos, ha sido mi oración que este estudio te ayude a crecer y amar más a Dios de manera que así llegues a sentir su inmenso amor por ti. Mi oración es que todos los que lean este libro crezcan en su fe y se acerquen más a Él. Que lo busquen y lo amen cada día más y más. Que confíen en Él y reciban su amor incondicional. Que sepan que el Señor los ama profundamente, y que al dedicarle más tiempo a Él, dejen que Dios guíe sus vidas y los llene de su amor y paz para siempre.

Que Dios los siga bendiciendo a medida que se deleiten más en Él.

En su amor,

Guadalupe

INSTRUCCIONES PARA LÍDERES

Conduce este estudio a tu propio paso, no es necesario terminar todo el capítulo el día del estudio bíblico. Es más importante prestar atención a las preguntas, y a lo que se comparta en el grupo sin sentirte presionado por el tiempo. Asegúrate en tener por los menos quince minutos antes de acabar la discusión para orar con tu grupo. Es de suma importancia apartar ese tiempo al final para orar por las peticiones y dar gracias a Dios.

Puedes asignar de tarea solo la mitad de la lección, si así lo deseas. No es necesario tener la presión de terminar este libro a la carrera, solo para luego pensar en qué otro libro empezar después de éste. Es mejor disfrutar el tema que estás estudiando de una manera relajada y profunda a la vez. Sin embargo, procura no salirte del tema de la lección durante la discusión para así mantener enfocado a tu grupo.

A mí me gusta empezar cada sesión primeramente escuchando un canto de alabanza. Al principio leo la letra para considerar y reflexionar en el canto. Las personas en tu grupo pueden tener la libertad de cantar o simplemente cerrar sus ojos mientras escuchen el canto. También pueden orar en silencio durante la alabanza, si así lo prefieren.

Pídele a las personas de tu grupo presentarse unos a los otros al empezar este estudio y cada vez que alguien nuevo llegue al grupo. Sugiéreles que compartan su nombre, donde nacieron, si son solteros o casados, si tienen hijos o nietos. Esto logrará que todos se sientan a gusto con las personas en el grupo, y desarrollar nuevas amistades.

En la próxima página, encontrarás las instrucciones del estudio bíblico. Por favor léelas en voz alta a tu grupo antes de empezar la lección. También vuelve a leer la guía de estudio bíblico cada vez que una persona nueva se una al grupo para que también entiendan las indicaciones. Siéntete con libertad de modificar un poco estas instrucciones para compartir con tu propio grupo.

GUÍA DE ESTUDIO BÍBLICO

Querido líder, por favor lee esta sección en voz alta a tu grupo:

- Información compartida y peticiones de oración de carácter privado son estrictamente confidencial, y no serán divulgadas fuera del grupo.

- Siéntanse con libertad de hacer preguntas. Estamos aquí para aprender unos de los otros, y para crecer espiritualmente con la palabra de Dios.

- En caso de duda acerca de cualquier Escritura o temas que se discutan en este estudio, les recomiendo que primero consulten con Dios en oración y luego pidan consejo a sus líderes, pastores y mentores cristianos.

- Sean breves y específicos al solicitar oración, preferiblemente háganlo en una o dos frases. Esto permitirá que haya suficiente tiempo al final del estudio para orar por cada necesidad. Absténganse de dar consejos que no han sido solicitados y por favor respeten la privacidad de la persona que pide oración.

- Dado de que quizás venimos de diferente denominaciones cristianas e iglesias, vamos a respetar las opiniones y creencias de los demás, usando la Biblia como nuestra guía principal de la verdad. Tampoco se discutirán temas de política durante el estudio bíblico.

- Por respeto a su anfitrión, se recomienda retirarse a la mayor brevedad al terminar el estudio bíblico. Si desean continuar la plática con alguien de su grupo, esto se puede llevar a cabo en otro lugar como ir a un café, por ejemplo.

Es mi oración que a través de este estudio se acerquen más a Dios y tengan una relación constante y más profunda con nuestro Señor Jesucristo. Que Dios derrame muchas bendiciones en sus vidas y en las de sus familiares.

En el amor de Cristo,

Guadalupe

RECONOCIMIENTO

Mil gracias a mi amiga, Kathy Backlund: Le doy gracias al Señor por haberte escogido a ser la primera persona en sugerirme que escribiera este libro acerca del gran amor y poder de Dios. Gracias querida amiga por creer en que Dios me usaría para completar esta obra.

Gracias a todas mis amigas de estudio bíblico, Inspire Christian Writers, Stonecroft Ministries, y a mis mentores, que son muchos para incluirlos a todos aquí. Los aprecio mucho. Gracias por animarme y por toda la ayuda que me dieron. ¡Le doy gracias a Dios por bendecirme con todos ustedes!

Un agradecimiento muy especial a todos los que prácticamente me tomaron de la mano y me empujaron a salir adelante en este proyecto: Alta Ostrode, Gail Palmer, Kathryn Mattingly, Judy Gordon Morrow, Mary and Greg Cottrill, Terry Ryan, Joanne Kraft, and Elizabeth M. Thompson. Estoy agradecida a nuestro Padre Celestial por todos ustedes. Muchas gracias a mi editor, en inglés, Dana Sudboro, y a la diseñadora del libro, Julie Williams, quienes completaron esta gran obra. ¡Fue una bendición colaborar con ustedes!

Estoy inmensamente agradecida a mi tío, Lawrence Dávila, que con tanto cariño, tiempo y esfuerzo editó este libro al español. Le doy gracias a Dios por su constante apoyo en terminar este proyecto. Sé que muchas personas serán bendecidas al poder leer este libro en el bello idioma que es el español. Gracias a mi querido esposo, Eduardo D. Casillas, quien me ayudó con tantas sugerencias valiosas en la traducción y diseño de este libro y por animarme a publicarlo. Gracias a mi querido papá, Ramón Huete, a mi amiga Margarita Alvarenga, y a mi prima Gioconda Sequeira por su gran ayuda con las primeras traducciones de este libro. ¡Qué Dios los bendiga grandemente!

SOBRE LA AUTORA

Nacida en Nicaragua, Guadalupe emigró a California a la edad de dieciséis años donde conoció a su esposo, Eduardo. Hoy en día viven en California, con sus hijos, Ed y Andrew. Guadalupe ha estado activa en estudios bíblicos por más de veinticinco años, y guiándolos por los últimos diez. La enseñanza de la Biblia y el amor que le demostraron en su primer grupo de estudio bíblico, la guiaron a descubrir el maravilloso amor de Jesús, lo cual le dio el deseo de compartir la Palabra de Dios y ministrar a las mujeres.

Guadalupe tiene un gran amor por Jesús. A través del poder del Espíritu Santo ella ha animado a los que la rodean a conocer y a sentir el gran amor de Dios. Se desempeñó durante siete años con el ministerio de Stonecroft en Folsom, California como Coordinadora de Hospitalidad, Presidenta, Coordinadora de Oración, y Coordinadora de Estudios Bíblicos. Al presente es Oradora con Stonecroft Ministries, un ministerio internacional de evangelización para mujeres.

Una amiga le sugirió que escribiera un libro de estudio bíblico para que compartiera sus experiencias con Dios. Esa misma semana, otros amigas independientemente también le sugirieron que escribiera un libro. Después de mucha oración y comentarlo con su esposo, se dio cuenta que era el plan de Dios que ella escribiera su segundo estudio, «Cómo amar a Dios con todo tu corazón – Mi testimonio y recorrido espiritual – Guía de estudio bíblico», el cual ya está publicado bajo el título en inglés, «How to Love God with All Your Heart – A Personal Journey & Testimonial Bible Study Guide».

Durante el año 2004, Guadalupe escribió un breve estudio bíblico titulado «Más poder a través del Fruto del Espíritu Santo», titulado en inglés: «More Power Through the Fruit of the Holy Spirit», con el propósito de compartirlo solamente con sus compañeras de estudio bíblico, y recientemente decidió publicarlo y traducirlo al español también.

La oración de Guadalupe es que seas ¡bendecido y alentado en tu caminar con Dios! Puedes visitarla en su sitio web: www.GuadalupeCCasillas.com

www.ingramcontent.com/pod-product-compliance
Lightning Source LLC
Chambersburg PA
CBHW052032070526
44584CB00016B/2002